지구가 에너지 좀 바꿔 달래요!

에너지 전환

10대 이슈톡_10
지구가 에너지 좀 바꿔 달래요!-에너지 전환

초판 1쇄 발행 2024년 12월 5일

지은이 윤정훈
펴낸곳 글라이더
펴낸이 박정화
편 집 유현은
디자인 디자인뷰
마케팅 임호

등록 2012년 3월 28일 (제2012-000066호)
주소 경기도 고양시 덕양구 화중로 130번길 32(파스텔프라자 405호)
전화 070) 4685-5799 **팩스** 0303) 0949-5799
이메일 gliderbooks@hanmail.net
블로그 https://blog.naver.com/gliderbook
ISBN 979-11-7041-158-1 (43330)

윤정훈 지음

지구가 에너지 좀 바꿔 달래요!

에너지 전환

글라이더

'에너지 관련 책'이라고 하면 어떤 이미지가 떠오르세요? 아마 '일을 할 수 있는 능력'으로 정의되는 에너지의 개념부터, 에너지 보존 법칙 같은 과학적 사실을 나열한 책이 먼저 떠오를 겁니다. 그도 그럴 것이, 실제로 에너지에 대해 논하려면 그런 기본 개념을 짚고 넘어가야 차근차근 에너지의 이모저모에 대해 배울 수 있으니까요. 하지만 사실, 우리의 일상에는 '에너지'라는 표현이 꽤나 많이 스며들어 있습니다.

"공부를 더 할 에너지가 안 남았어!", "휴, 지금 에너지 드링크가 필요해."처럼 말이죠.

그뿐인가요? 휴대폰의 배터리가 간당간당할 때마다, 늦은

밤 화장실 전구가 깜박거릴 때마다 전력이 가져다 주는 에너지에 대해 무의식적으로 느끼곤 합니다. 에너지는 이렇게 많이 사용되기에, 에너지에 관한 책도 굳이 어려울 필요가 없다고 생각했습니다. 이 책에서도 '인류'가 화석 연료를 '먹어서' 온실 가스 방귀를 뀌고, 다이어트를 한다는 비유를 많이 썼습니다만, 엄밀히 말하면 말이 안 되는 설정이지요. 하지만 직관적으로 와닿는다면 나쁘지 않겠다는 생각으로 다이어트 비유에 기댔습니다.

한창 자라나는 청소년들은 특히 에너지의 한 측면에 대해 특별히 고민할 필요가 있습니다. 바로 '기후 위기의 원인으로서의 에너지'에 대한 측면이지요. 에너지 자체는 인류의 역사를 통틀어 항상 함께해 왔고, 어떤 형태로든 앞으로도 쭉 필요할 겁니다. 하지만 기후 변화를 가져온 에너지 문제는 '바로 지금' 논의할 필요가 있습니다. 화석 연료로 에너지를 생성하느라 온실 가스가 배출되고, 단기간에 지구의 기후가 심각하게 교란되고 있는 것에서 이 책의 에너지 이슈 논의가 출발하기를 바랐습니다. 많은 청소년들이, 아니 어른들조차 왜 기후 변화와 에너지 문제가 종종 함께 논의되는지 모르는 경우가 많습니다. 화석 연료의 문제점과 지구 온난화의 심각성을 안다 해도, 재생 에너지를 늘리면 모든 것이 해결될 것이라고 믿는 사람들도 아직 많고요. 원

자력 발전이라는 말만 들어도 겁을 내면서도 기후 위기 방지의 맥락에서 그것이 갖는 엄청난 장점에 대해서는 잘 모르는 경우도 흔하고 말이지요.

무엇보다 이 책은 과학적 현상으로서의 에너지보다는 개인과 사회에, 국가와 세계에 포괄적으로 미치는 '이슈 보따리'로서의 에너지를 다루고 싶었습니다. 기후 위기가 그렇듯, 기후 위기에 대처하려는 에너지 정책도 경제와 살림에, 정치와 사회에 다각도로 영향을 미칩니다. 다양한 원인이 겹쳐진 문제이지만, 기후의 렌즈로 문제를 들여다보며 여러분이 알아야 할 주제를 하나씩 다뤄보고 싶었습니다.

이 책을 다 읽고 나면 "뭐? 읽을수록 '노답'인데?"라는 말이 나올지도 모르겠습니다. 에너지 이슈는 정답이 없고, 세계에서 이름난 전문가들조차 의견이 분분할 정도니까요. 재생 에너지는 어디까지 늘리면 좋을까? 원자력 발전은 늘려야 할까, 줄여야 할까, 아니면 아예 탈원전을 해야 할까? 수소 에너지에 얼마나 투자를 해야 할까? 이에 대한 답은 아마도 수십 가지에서 수백 가지는 될 겁니다. 하지만 "그래서 어쩌라고."라고 떠오르는 의문에 대해서는 두 가지의 명료한 답을 선물해 드리고 싶습니다. 우선 에너지 이슈가 남의 이야기가 아닌 여러분이 살아갈 세상을 결정할 문제인 만큼, 이에 대해 누구보다 열심히 이해하고 각자의 주관이 생기길 바랍니다. 진부한 표현이지만 아는 것이 힘이니까요. 여러분이 살아갈 기후 위기의 세상에서는 더더욱 에너지 전문가가 필요하지 않을까요? 두 번째로는 현재의 에너지 인프라는 화석 연료에 많이 기대고 있으니, 에너지 절약의 필요성을 알고 실천에 옮기기를 바라는 마음입니다. 어른들이 그러라고 하니 따르는 것이 아니라, 여러분 스스로가 기후 위기의 렌즈로 에너지 이슈를 보고, 당장 할 수 있는 에너지 절약을 실천하기를 바랍니다.

어차피 에너지 전환이라는 것이 하루 아침에 이루어지지 않습니다. 화석 연료로 만든 에너지가 우리 삶 곳곳에 스며들어 있는 지금, 에너지를 얻는 방식을 송두리째 바꾸는 건 시간도 비용도 어마어마하게 많이 드는 문제니까요. 그래도 지금 우리 사회와 세계가 무엇을 하려고 하는지, 왜 이런 불편을 감수해야 하는지 똑바로 이해하는 어른으로 자라기를 바랍니다. 여러분이 어른이 되어 살 세상이 멀지 않았습니다. 그때는 기후와 에너지에 대해 더 좋은 판단을 하는 사람들이 많아져야 할 거예요. 지금 이 책을 읽는 여러분 한 명 한 명이 어른이 된다면 미래의 에너지 판도는 그만큼 밝아지리라 믿습니다.

2024년 겨울의 초입에
윤정훈

차례

4장. 다이어트의 치트키, 원자력 발전

5장. 샐러드 한 끼는 시작일 뿐

1장

다이어트 챌린지, 에너지 전환

1

롤지에 다이어트를
하게 된 사연

애들아 안녕! 나는 '류'라고 해. 웬 인터넷 소설 주인공 같은 이름이냐고? 아, 그건 좀 나중에 설명하기로 할게. 오늘은 특별히 너희에게만 털어놓을 이야기가 있거든. 사실 내게 요즘 큰 고민이 있는데, 이것 때문에 보통 신경쓰이는 게 아니야. 나랑 같이 답을 찾아줄래?

요즘 다이어트가 대세잖아. 나는 너무 뼈만 보이게 마른 몸매 말고, 적당히 살집도 근육도 있는 몸이 예뻐 보이더라구. 건강해 보이는 거 있잖아. 그러면 이제부터 독하게 맘 먹고 식단 관리랑 운동을 하면 되는 거 아니냐고? 물론 그거야 그렇지. 만일 내가 평범한 사람이라면 말야. 하지만 난 있잖아, 너희들처럼

다이어트가 필요해!

에너지를 음식으로부터 얻는 게 아니야. 이제까지 나는 석탄, 석유, 천연 가스 같은 에너지원을 섭취해서 에너지를 얻어 왔거든. 흔히 '화석 연료'라고 부르더라? 너희가 밥을 먹어야 기운이 나는 것처럼, 나도 에너지를 얻으려면 뭔가 먹어야 해. 게다가 에너지를 쓸 데가 오죽 많은지 아니? 휴대폰도 충전해야 하고, 다이소에 꽉꽉 들어찬 물건들도 만들어야 하고, 도로의 자동차며 하늘 위 비행기도 움직여야 하고…. 필요한 에너지는 점점 더 늘어만 가고 있어. 지금까지 화석 연료는 내게 에너지 드링크 같았어. 쭉쭉 삼키면 으쌰~으쌰~ 힘이 났으니까.

다른 것들도 먹기는 먹었지만, 나는 이제까지 주로 화석 연료한테 의존해서 에너지를 얻었어. 아무런 문제가 없는 줄 알았다고. 그런데 갑자기 이제 와서 다이어트를 해야 한다는 거야. 화석 연료가 안 좋다나? 다이어트를 해야 하는 이유를 자세히 들어볼래?

지구의 기후가 미쳐 간대!

너희들도 여행 '버킷 리스트'가 있니? 예를 들어 미국 여행이라고 하면 예전엔 L.A.나 뉴욕만 떠올렸을 테지만, 요즘은 훨씬 다양해졌잖아. 천혜의 자연 풍경을 볼 수 있는 국립 공원을 버킷 리스트로 꼽는 친구들도 많더라고. 서부의 '데스 밸리(Death Valley)' 국립공원도 그 중 하나야. 이름부터 '죽음의 계곡'이라니 으스스하지? 저 멀리 화성 여행이라도 간 것처럼 건조한 사막의 모습이 기이하고 아름다워.

그런데 이처럼 사막으로 유명한 데스 밸리에 최근에 기가 막힌 일이 있었어. 태풍 '힐러리'가 미국 서부를 강타하면서 내륙 사막 지역까지 폭우가 내린 거야. 그 전날까지만 해도 없었던 호수가 하루 아침에 생겨나고, 어디서 왔는지 모를 꽃까지 피었다

'죽음의 계곡'이라는 데스 밸리

고 해. 사막에 폭우라니, 이건 뭐 탕후루에 고춧가루 뿌리는 소리 아냐? 미국 서부는 태풍 자체가 형성되기 어려운 기후라서, 캘리포니아나 네바다 같은 주들은 1년 내내 햇볕 쨍쨍한 날씨를 자랑했어. 엄청나게 비를 뿌린 태풍이 물난리로 이어지기 전까지만 해도 말이지.

이렇듯 이상한 일들이 요즘 들어 자주 일어나는 것, 혹시 눈치챘어? 매해 여름은 그 전 해보다 더욱 더 덥다고 보도가 되고,

꽁꽁 얼었던 극지방조차 따뜻해져서 빙하 면적이 나날이 줄어들고 있대. 특히 2023년 여름은 인류의 기상 역사상 가장 더운 여름으로 기록되어, 전 세계 언론에서 아주 야단법석 난리가 났었어. 이런 상황이다 보니 사람들은 '기후 위기'에 좀 더 관심을 가지게 되었지. 아, 물론 옛날 옛적에도 기상 이변 현상은 없지 않았어. '조선왕조실록'에도 유달리 춥거나 덥다고 기록된 해가 있었고, 대설과 지진에 대한 기록이 남아 있거든. 하지만 지구 온난화가 지속되며 평균 기온이 점점 올라가기 시작하자, 기상 이변 현상은 점점 잦아지고, 또 강력해지기 시작했어. 예전 같으면 백 년에 한 번 있을까 말까 했던 일이 요즘은 거의 매년 일어나고 있고, 그 강도도 세지고 있단 거지.

지구의 기후가 미쳐 돌아가기 시작한 거야! 그리고 이건 불과 시작에 불과하다니, 앞으로의 세상이 무섭게만 느껴지지 않니? 내가 다이어트 압박을 받게 된 게 바로 이 기후 때문이야. 내 식습관이 원인이라고 하니 말이야.

아, 그래. 내 이름 말인데, 내 성은 '인'이야. 나는 인류야. (물론 내가 진짜로 화석 연료를 입으로 우걱우걱 먹는단 건 아니지만, 이해를 돕기 위해 앞으로도 먹는다고 비유할게.)

에너지 드링크를 먹기 시작했을 뿐인데

내가 처음부터 화석 연료를 많이 먹었던 건 아니야. 본격적으로 먹기 시작한 건 200여 년 전, 저 멀리 영국에서 제임스 와트 아저씨가 증기 기관을 발명해서 열린 산업화 시대 이후야. 너희들도 잘 알겠지만 이걸 산업 혁명이라고 부르지. 기계 좀 만들었다고 왜 '혁명'씩이나 운운하며 호들갑을 떠느냐 하면, 그 덕에 쓸 수 있는 에너지가 폭발적으로 늘어났기 때문이야. 예전까지는 나물이나 씹으며 근근히 지냈다면, 산업 혁명이 일어난 뒤에는 레드불을 원샷한 것처럼 기운이 펄펄 났거든.

예전에는 일을 하려면 힘들게 손으로 절구를 찧거나 가축을 끌어야 했어. 혹시 엄마를 도와 자리에 앉아 콩나물 손질하는 것 도와드린 적 있니? 30분 동안 열심히 하면 손가락은 욱신거리는데 막상 손질된 콩나물의 양은 보잘것없잖아. (도와드린 적이 없다면 지금이라도 좀 해 보자.) 사람이 직접 움직여서 일을 하던 옛날에는 이처럼 모든 것이 품이 많이 들고 시간도 오래 걸렸어. 그런데 칙칙폭폭 증기 기관이 발명되자 에너지는 너무나 쉽게 대량으로 만들어졌어. 물건도 뚝딱 쉽게 만들고 장거리 이동도 편해지니, 경제 활동과 인구도 폭발적으로 늘었지.

지구가 점점 더워지고 있어!

　'우왕, 꿀이다!' 처음에는 이렇게만 생각했지. 우리 지구의 기후를 교란하는 씨앗이 이렇게 심어지게 된 것을 아무도 몰랐던 거야. 사람들은 대량의 에너지를 얻기 위해 땅에 묻힌 석탄이나 석유 같은 화석 연료를 파내서 태우기 시작했어. 태우면 열과 증기로 많은 에너지를 얻을 수 있었거든. 화석 연료는 내게 에너지 드링크였던 셈이지. 화석 연료를 많이 파내면 파낼수록, 더 많이 사용하면 사용할수록 사람들의 삶의 질은 점점 올라갔어. 예전엔 과거 시험을 보러 한양을 가려면 봇짐을 지고 호랑이 고개를 넘어 다녀야만 했는데, 지금은 저 멀리 유럽이며 호주도 비행기에 앉아 편하게 갈 수 있잖아. 인간의 삶을 윤택하게 만들기 위해 점점 더 많은 화석 연료를 쓰게 됐어. 우리의 경제 자체가 화석 연료에 맞추어 성장하게 된 거야. 실제로 화석 연료 사용량은 지난 220년 동안 약 1,500배나 증가한 것으로 추정된대[1]. 고작 200여 년 동안 어마어마하게 늘었지?

너희의 하루를 생각해 봐. 밥 먹으려고 전자레인지나 스토브를 쓰고, 더워서 에어컨을 틀거나 추워서 보일러를 켜고, 학원에 가려고 버스를 타고, TV를 보고, 밤에 어두워져서 전등을 켜고…. 이 수많은 행동은 모두 에너지를 쓰는 것이잖아. 집집마다 이렇게 에너지를 공급하기 위해 화석 연료를 점점 더 많이 쓰게 된 거야.

그런데 좀 부끄러운 얘기인데, 중요한 얘기라서 창피하지만

1) 바츨라프 스밀, 《세상은 실제로 어떻게 돌아가는가》

고백할게. 사실 화석 연료를 먹으면 나는 방귀를 뿡뿡 뀌어. 내 방귀가 '온실 가스'래! 너희 혹시 과학 시간에 온실 효과 배운 적 있니? 대기 중 이산화탄소가 이불처럼 열을 가두어 지구를 따뜻하게 만든다는 거야. 화석 연료의 주성분은 탄소, 즉 C거든. 연소될 때 산소(O)와 만나 이산화탄소(CO_2)가 만들어졌어. 화석 연료를 태우면 태울수록 이산화탄소가 점점 더 많이 만들어졌고, 이 때문에 지구 대기의 온실 효과가 강해져서 지구의 평균 기온이 점점 올라가기 시작했어. 내 방귀가 대기 중에 너무 많이 쌓이게 된 것이지. 산업화 이전에 비해 대기 중 이산화탄소 농도는 현재 무려 1.5배가 되었어. 기온이 올라가며 폭염으로 인한 피해도 지구 곳곳에서 발생하고, 대기와 해류의 순환이 바뀌며 폭우와 가뭄, 잦은 태풍 등 여러 문제가 생겨났어. 내가 화석 연료를 대량으로 먹는 바람에 기후 위기가 생긴 거야.

이제 알겠지? 내가 다이어트를 해야 하는 이유를? 나라고 기후 위기를 불러오고 싶었던 게 아니야. 내가 싸이코패스도 아니고, "히히, 다 망해 버리면 좋겠으니 온실 가스를 배출해서 지구 기온을 서서히 올려야지"라고 생각했겠어? 그저 잘 살아 보려고 노력했던 것뿐인데, 생각지도 못했던 부작용이 발생한 거라고. 하지만 화석 연료를 계속 먹는다면 계속 방귀를 뀔 거고, 그

대기를 덥게 하는 온실가스

러면 기후 위기는 점점 더 심각해질 거야. 심지어 어떤 학자는 화석 연료를 쓰기 시작한 것이 "미래를 향해 겨눈 무수히 많은 보이지 않는 미사일"이라고 했대[2]. 으윽, 미사일이라니, 갑자기 소화가 안 되는 것 같아.

2) 안드레아스 말른, 《화석 자본(Fossil Capital)》

화석 연료 다이어트 = 에너지 전환

여기까지 배운 뒤 이렇게 생각해 봤어. 만일 땅콩 알러지가 있는 사람이 그걸 모르고 땅콩을 먹었다가 그만 온몸에 두드러기가 났다면 어떻게 해야 할까? 두드러기를 가라앉히는 연고를 발라야겠지만, 그보다 제일 먼저 해야 할 일은 먹던 땅콩 봉지를 내려놓는 것이겠지? 나의 다이어트도 똑같아. 일단 화석 연료 섭취 문제를 해결해야 기후 문제를 해결할 수 있어. 일단 방귀를 그만 뀌어야 할 거 아니니[3].

하지만 내가 밥을 아예 안 먹을 수는 없어. 우리에게는 어쨌든 에너지가 필요하잖아. 휴대폰을 충전하는 전기가 석탄을 태우는 화력 발전소에서 만들어졌다고 해서, 휴대폰을 아예 쓰지 말자고 주장하는 사람이 어디 있겠어? 땅콩에 알러지가 있으면 땅콩만 피하면 되잖아. 화석 연료가 문제라면, 다른 방식으로 에너지를 얻는 방법을 찾는 게 필요해. 이렇게 나의 식단을 바꾸려

---

3) 참고로 에너지를 얻기 위해 화석 연료를 소비해서 배출되는 온실 가스도 있지만, 그것과는 별개로 배출되는 온실 가스도 존재해. 하지만 약 80퍼센트는 에너지 관련이기 때문에 이 책에서는 에너지와 관련된 배출량만 다루도록 할게.

는 노력을 어려운 말로 '에너지 전환'이라고 해. 다이어트를 하려면 탄수화물을 줄이고 채소 섭취를 늘려야 하는 것처럼, 기후 위기를 막기 위해서는 화석 연료를 그만 먹고 다른 방식으로 식단을 꾸려야 해. 그걸 오늘 너희와 상의하고 싶은 거란다. 방귀를 뀌지 않고 어떻게 지금처럼 많은 에너지를 얻을 수 있을까?

도저히 감이 안 잡힌다면, 한 번 예를 들어 볼게. 전기는 석탄을 태워서 만들 수도 있지만, 태양빛을 이용해서 만들 수도 있어. 아무런 대가 없이 우리 지구에 1년 365일 은혜롭게 내리쬐는 햇빛 말이야. 오늘 햇빛을 모아 전기를 만들었다고 해서 내일 태양이 뜨지 않는 것도 아니고, 얼마든지 계속 쓸 수 있지. 게다가 햇빛을 먹으면 방귀를 뀌지 않거든. '깨끗한' 전기지. 그러니 햇빛은 내 식단에 넣어줄 수 있겠어. 다행히 태양 에너지만 해답이 되는 건 아니야. 쌩쌩 부는 바람으로 풍력 발전기를 돌려도 에너지는 생산되고, 커다란 댐에 물을 채웠다가 낮은 곳으로 떨어드려도 에너지가 생겨. 자동차에 화석 연료인 기름을 주유해서 탈 수도 있지만, 전기 차나 전기 버스를 타면 배기 가스를 내뿜지 않고도 먼 거리를 이동할 수 있어. 이처럼 내가 똑같이 밥을 먹더라도 화석 연료 대신 '청정한' 음식을 먹으면 방귀를 뀌지 않을 수 있다고.

재생 에너지를 대표하는 태양광과 풍력 발전

에너지 전환이 뭔지 대충 알겠니? 한 번 배워두면 아마 이 말
이 뉴스 기사에서도 자주 눈에 띌 거야. 기후 위기의 세상을 눈
앞에 둔 우리 인간들에게, 그리고 그 세상을 살아내야 하는 너희
들에게, 에너지 전환은 이 시대의 가장 중요한 목표 중 하나야.

지구의 대기는 지금
이산화탄소 비상 사태

지구의 기후가 이상해지고 있단 건 과학자 한두 명의 호들갑이 아니야. 20년 전만 해도 사실 기후 변화를 안 믿는 사람들이 많았지만, 관측 기술과 컴퓨터 모델이 정교해지며 그 누구도 이의를 제기하기 어려운 '팩트'가 되어 버렸단다. 학교에서 기후 변화 관련해서 숙제를 받은 적이 있니? 그러면 무조건 인용해야 할 보고서가 있어. IPCC, 풀이 하자면 '기후 변화에 대한 정부간 패널'이라는 기관이 있는데, 얘네가 이 분야의 최종 보스거든.

국제연합(UN) 산하의 기구로, 몇 년에 한 번씩 기후 변화의 과학과 현실, 정책 제언을 보고서로 펴내고 있어. UN 195개 회원국의 수많은 과학자들이 그간 기후 변화에 대한 각종 연구 결과를 취합하고 요점 정리를 해서 정책 결정자들에게 전달할 목적으로 보고서를 발간하는 거야. 전문가들이 "우리가 이런저런 연구들을 해 보니 결론이 이렇더라. 그러니까 너네는 이런저런 정책을 만들어 주면 좋을 것 같아"라고 말해 주는 거지. 가장 최신의 과학을 집대성하고 있는 자료니까, 잘난 척을 하고 싶을 때는 나무위키 찾지 말고 꼭 IPCC 보고서를 인용하도록 해. 알겠지?

아무튼 이렇게 중요한 보고서이기에 여기서 무슨 말을 하고 있느냐를 잘 살펴볼 필요가 있어. 제일 최근에 나온 보고서는 IPCC가 여섯 번째로 발간한 건데, 2021년에 나왔지. 무려 8,000쪽에 달하는 이 방대한 분량의 보고서를 다 읽을 필요는 없지만, 전 세계 언론에서는 보고서를 통틀어 가장 중요한 단어로 'unequivocal,' 즉 '명백한'이라는 말을 꼽았어. 뭐가 명백하냐고? 지구의 기후가 더워지고 있는 것은 예전부터 확실했지만, 그것이 바로 우리 인간의 탓이라는 것이 명백하다는 거야. 그냥 우연히 태양의 영향이나 우주의 음모 때문에 더워지는 시기에 우리가 살고 있는 게 아니라, 바로 우리 인간이 인구를 늘리고 경제 활동을 하느라 더워졌다는 거지. 이 정도의 권위가 있는 보고서에서 이렇게 강한 어조의 단어를 썼다는 건, 논란의 여지가 없다고 쐐기를 박은 거야. 변명하지 말고 얼른 대처하라는 말 속의 뼈가 느껴지지 않니?

실제로 인간의 화석 연료 사용으로 인한 온실 가스 배출량 그래프를 살펴보면 다음과 같은 그림이 나와. 지구의 역사가 수십억 년인데 고작 지난 200년 간 얼마나 심하게 교란되었는지 한 눈에 볼 수 있지.

지금 지구의 대기는 말 그래도 119, 온실 가스 비상 사태야. 으악, 이대

로라면 안 되겠어. 기후 재앙을 막으려면 어떻게 해야 할까?

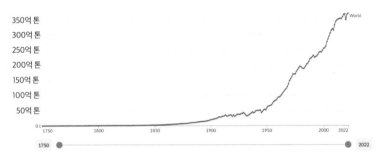

1750~2020년까지 화석 연료로 인한 온실 가스 배출량 추이

2

다이어트,
말이 쉽지...

그대 없이는 하루도 못 살아

아까 '버킷 리스트' 얘기 한 김에 해외 여행 얘기 좀 해 볼까? 너희는 일주일 넘게 해외에 간다면 김치나 햇반을 싸 가지고 갈 거니? 사람들마다 다르겠지만, 매일 먹던 식습관을 바꾼단 건 참어려운 일이야. 삼시 세끼 쌀을 주식으로 먹던 한국 사람이 빵이랑 감자로 일주일 넘게 버틴단 게 힘들 수도 있단 거지. 에너지 전환에 대해 배워보니 결론은 명확했지? 내가 화석 연료만 그만먹으면 되는 거잖아. 그런데 변명하려는 게 아니라, 그게 진짜쉬운 게 아니야. 내 의지로만 되는 게 아니라니까.

세계에서 사람들이 화석 연료를 얼마나 많이 필요로 하는지 아니? 정확히 말하자면 에너지를 만드는 건 화석 연료 속의 탄소인데, 그 수요량이 연간 100억 톤이 넘는다고 해. 숫자가 너무 커서 감도 안 잡히지만, 80억 명 세계 인구가 1년간 마시는 물의 양보다도 두 배가 넘게 무겁다면 좀 짐작이 가지. 다이어트를 하려면 이 어마무시한 양을 줄여야 한다는 거야. 대체 뭐 하느라 이렇게 많이 먹고 있었냐고?

우리 모두의 삶을 지탱하느라 그랬어. 화석 연료는 200년 넘게 우리의 삶을 풍요롭게 해 줬어. 너희도 알겠지만 에너지를 쓰는 분야는 너무 너무 많아. 주로 화석 연료로 만들어 낸 에너지를 쓰며 나는 여기저기서 방귀를 뀌었지.

- 먼저, 집에서 시원하게 냉방하며 TV 켜느라 뿡.
- 백화점에 가서 쇼핑하느라 뿡.
- 공장에서 물건을 만들며 뿡뿡.
- 자동차로 돌아다니느라 뿡뿡.
- 언제 어디서나 필요한 전기를 만드느라 뿡뿡뿡.

이처럼 에너지 소비는 크게 ① 우리가 살고 있는 집, 주거 부문, ② 가게나 백화점 같은 상업 부문, ③ 공장을 돌리고 물건을 만드는 산업 부문, ④ 자동차며 선박 같은 교통 부문, 그리고 ⑤ 전기를 만드는 발전 부문으로 나눌 수 있어. 이 중 뭐 하나라도 덜 중요한 게 있어? 당연히 없어. 죄다 필요한 것들이잖아. 이렇게 우리 삶 구석구석으로 스며들어 있기 때문에, 내가 화석 연료를 먹어주어야 계속 지속 된다고. 그냥 눈 딱 감고 그만 먹으면 안 되냐고?

예를 들어 내연기관차는 석유를 쓰니까 전기 차가 환경에 낫다는 걸 우린 이제 다 알고 있어. 그렇다고 멀쩡한 차를 내다 버리고 당장 새 차를 사는 사람이 어디 있겠어? 앞으로 10년, 20년, 아니 그 이상이 지나도 이미 만들어진 내연기관차는 계속 도로 위를 굴러갈 테고, 따라서 석유도 계속 필요할 거야. 또, 주위에 널리고 널린 플라스틱 제품도 죄다 석유화학 제품인걸. 일회용 그릇뿐 아니라 옷을 만드는 합성 섬유, TV 등 전자 제품의 겉면도 모두 석유가 필요해. '화석 연료 따위 끊어버리자!'라고 패기있게 외치는 건 좋지만, 그러면 이제부터 배달시켜 먹는 마라탕은 어디 담겨 오라는 거야? 한 번 맛본 화석 연료 에너지의 혜택을 단숨에 없애버리기란 쉬운 일이 아니야. 이처럼 화석 연료는 너무도 다양한 형태로 우리 일상에 깊숙하게 들어와 있기에, 내가 하루아침에 화석 연료를 먹지 않는다는 건 불가능해.

좋아할 때는 언제고, 이제 필요 없다고?

게다가 화석 연료를 마치 '필요악'인 것처럼 무조건 나쁘게만 보기도 어려워. 화석 연료를 많이 쓰는 기업들은 지구 온난화를 가져오기도 했지만, 국가 경제를 견인해 온 고마운 존재이기도 하거든. 예를 들어 포스코 같은 기업은 한국 전체 온실 가스 배출량의 10분의 1을 혼자서 배출해. 기업 하나가 국가 전체 배출량의 10퍼센트를 차지한다니, 말도 안 되지? 강철을 만들려면 거대한 용광로에서 용암처럼 부글부글 철을 끓여야 하는데, 제련 과정에서 코크스 같은 화석 연료가 필요해서 그래. 1년 365일 용광로를 돌려야 하니 온실 가스 배출량이 어마어마할 수밖에 없지.

그렇다고 포스코가 나쁜 기업일까? 그렇지 않아. 포스코가 만든 철강 덕에 자동차며 선박, 기계, 건설 등 대한민국의 산업이 무럭무럭 성장했고, 그 덕에 경제가 눈부시게 발전했어. 너희들도 학교에서 배웠겠지만 비참한 전쟁과 경제 위기를 겪으면서도 한국이 주저앉지 않았던 건 전 세계에서도 유례없는 일이야. 정부와 기업이 서로 힘을 내서 경제를 키워냈기 때문이고, 그 힘의 근원은 화석 연료였어. 그뿐이 아니야. 포스코는 돈을 많이 버는만큼 사회에도 좋은 일을 하려고 노력하고 있거든.

청암 재단을 설립해 다양한 장학생을 선발하여 금전적으로 아 낌없이 지원을 하는 것이 한 사례야. 만일 집안이 어려운 학생이 포스코 덕에 장학금을 받아 돈 걱정 없이 공부를 할 수 있다면, 온실 가스 배출의 주범이라며 포스코를 욕할 수 있겠어? 그렇지 않겠지. 포스코는 한 사례일 뿐이야. 전 세계 수많은 기업들이 같은 입장이지. 일부러 지구를 망가뜨리려는 게 아니었어. 그저 열심히 돈을 벌고 직원들에게 월급을 주려고 애썼던 것뿐이야.

뭉게뭉게 연기를 내뿜는 굴뚝과 공장만 문제인 것도 아냐. 우 리의 생존과 직결된 식량 생산에도 화석 연료가 직접적으로, 또 간접적으로 사용되거든. 너희, 대형 마트에 가면 한겨울에도 수 박을 구할 수 있지? 1년 내내 맛있는 해산물을 사먹을 수 있고 말 이야. 화석 연료는 비닐하우스를 만드는 자재부터 농산물을 수 확하는 트랙터, 이를 운반하는 트럭, 어선과 그물을 만드는 재료, 어선의 연료 탱크를 채우는 데까지 모두 관여하고 있단다. 식량 을 만드는 방식 자체는 수천 년 전, 나일 강의 범람을 기원하던 고대 이집트인이나 현대 인류나 크게 다르지 않아. 다만 사람이 나 가축의 힘으로만 농사를 짓던 과거에 비해 에너지를 비약적 으로 많이 사용하게 되며 생산성이 엄청나게 증가한 거야. 덕분 에 수십 억 인구가 굶어죽지 않을 수 있게 되었지. 게다가 농사를 망치지 않도록 도와주는 살진균제나 살충제, 제초제, 화학 비료 등의 사용 역시 화석 연료와 떼려야 뗄 수 없는 관계란다.

게다가 많은 사람들의 선입견과는 달리 화석 연료가 무조건 '자연의 원수'인 것도 아니야. 요즘 해양 쓰레기 문제가 심각해지며 플라스틱만 보면 환경부터 걱정하는 사람들도 많지? 하지만 코로나19 사태 때 우리 다 겪었잖아. 의료계에서는 플라스틱과 일회용품이 반드시 필요할 뿐만 아니라, 감염을 막는다는 점에서 바람직하기까지 해. 재사용한 마스크, 재사용한 의료 장갑이 믿음이 가겠니? 게다가 사실 플라스틱은 우리 삶은 편리하게 해준 것뿐 아니라 많은 동물들을 구하기도 했어. 예전에는 거북 등껍질을 벗겨 사치품을 만들고, 코끼리 상아로 피아노 건반을 만드느라 동물들을 무분별하게 죽였다고 해. 그런데 더 값싸고 우수한 재료인 플라스틱이 나타나며 수많은 거북과 코끼리가 무사할 수 있었어. 뿐만 아니라, 예전에는 고래 기름으로 등불을 밝히느라 바다에 나가 고래를 마구 사냥하곤 했는데, 석유등이 빠르게 퍼져 나가며 고래에 대한 수요가 줄어들기도 했어. 석유가 고래의 멸종을 막은 셈이지.

아, 오해하지 마. 석유가, 플라스틱이 최고라고 '우쭈쭈' 하

고래를 구한 게 의외로 석유라고?

는 거 아니니까. 다만 이제까지는 좋다고 잘 이용해 왔던 것들을 기후 위기라는 이유로 갑자기 내치기 어렵단 말을 하려는 거야. '온실 가스를 많이 내뿜는 대기업을 다 같이 잡아 족치자'라는 일차원적인 해결 방법으로는 도무지 답이 안 나온다고.

나 다이어트하기 싫어서 이런 말 하는 거 아니야. 화석 연료가 너무도 잘 자리잡은 상황에서 에너지 전환을 한다는 게 정말 쉽지 않단 얘길 하는 거야. 게다가 대체 뭘 어떻게 전환하자는 건지도 잘 모르겠어. 대체 식단을 어떻게 짜면 될까?

에너지 전환 식단 짜기 챌린지

너희도 다이어트 해봐서 알지? 무조건 굶는 게 답이 아니란 것을. 나중에 요요 오면 엄청 후회한다. 건강하게, 지속 가능하게 다이어트를 하려면 오히려 균형잡힌 건강한 식사를 해야 해. 마찬가지로 에너지 전환도 무조건 에너지를 안 쓰는 게 답이 아니야. 코로나19 사태 때 우리 잠깐 겪어 봤지. 마치 굶는 것처럼 경제가 올스톱 되면 얼마나 힘든지 기억나지? 그 시기에 전세계적으로 화석 연료를 약간 적게 쓰긴 했지만 육체적으로, 경제적으로 고통받는 사람들이 너무 많았어. 게다가 코로나19가 잠잠해지자 요요 현상처럼 오히려 소비가 반등했고 말이야. 나도 무조건 굶는 대신, 신중하게 식단을 바꾸어서 다이어트를 하려고 해. 그래야 오래오래 건강한 몸을 유지할 수 있을 테니까. 이제부터 구체적으로 내 식단을 어떻게 꾸리면 되는지 고민해 보자.

우선 화석 연료를 '육식', 재생 에너지를 '채식'이라고 생각하면 직관적으로 와 닿을 거야. 고기가 맛있지만 채식을 늘려야 살이 빠지는 것처럼, 화석 연료는 편리하지만 청정한 재생 에너지를 늘리는 게 에너지 전환의 핵심이라고 할 수 있어. 다이어트의 3원칙을 지금부터 설명해 줄게.

화석 연료는 육식, 재생 에너지는 채식?

첫째, 한 끼만큼은 꼭 100퍼센트 '채식(=재생 에너지)'을 해야 해. 그리고 그 한 끼는 바로 전기를 만드는 것, 즉 발전 부문이야. 왜 삼시 세끼 다 샐러드를 먹지 않냐고? 왜냐하면 재생 에너지로 바꿀 수 있는 부분은 정해져 있어서 그래. 전기를 만드는 것은 태양의 힘으로도 가능하지만, 비행기를 날게 하거나 강철을 제련하는 건 아직 화석 연료의 도움이 필요해. 실제로 발전 부문은 재생 에너지의 비율이 빠르게 늘고 있단다. 예전에는 주로 거뭇거뭇 석탄을 태워 만들던 전기가, 수력, 태양광, 풍력 등의 청정한 방식으로 생산되고 있거든. 너희도 다이어트 할 때 저녁 한 끼라도 굶거나 가볍게 먹지? 그런 것처럼, 나도 발전 부문 한 끼만큼은 깨끗한 샐러드로 먹을게.

둘째, 원래 육식을 하던 끼니도 채식으로 대체(=전력화)해야 해. 한 끼라도 샐러드로만 먹었다면(즉 깨끗한 전기를 만들었다면), 그 전기를 최대한 다양한 방면으로 써야 한다는 소리야. 예전에는 화석 연료로만 굴러가던 걸 전기로 굴러가도록 바꾸는 거지. 제일 쉬운 사례는 전기 차야. 예전엔 아무리 깨끗한 전기를 만들어봤자 자동차에겐 소용이 없었어. 가솔린으로 움직였으니까. 뱀파이어한테 오렌지 주스를 내미는 것과 뭐가 달랐겠어? 하지만 이제 전기로 충전하는 전기 차가 있잖아. 전기를 깨끗하게 생산하면 전기 차는 방귀를 뀌지 않아. 마찬가지로 겨울철에 가스 대신 전기로 난방을 할 수 있고, 부엌에서 요리할 때도 가스 레인지 대신 인덕션 쿡탑을 쓸 수 있어. 예전에는 꼭 고기를 먹어야 했던 끼니도 샐러드로 대체할 수 있도록 하는 것, 즉 최대한 많은 것들이 전기로 굴러가도록 전력화(electrification)시키는 것이 나의 두 번째 과제야.

셋째, '육식(=화석 연료)'이 남아 있다면 방귀를 해결해야 해. 아까 말했듯, 안타깝게도 육식 비율을 완전히 0으로 만들 순 없어. 왜냐하면 철강이나 시멘트, 플라스틱 같은 산업은 여전히 화석 연료를 사용하는데다, 생산 부산물로 온실 가스를 배출하기도 하거든. 우리에게 꼭 필요한 물건을 만드는 것이니 안 쓸 수도 없는 노릇이잖아. 번거롭고 귀찮지만 공정을 바꾸어서 온실 가스 배출량을 최대한 줄이고, 그래도 배출되는 양이 있다면 대기 중으로 빠져 나가지 못하도록 이를 포집해야 해. 엉덩이에 파이프라도 대서 방귀를 붙잡아야 한다는 소리야.

화석 연료 다이어트의 세 가지 방법		
하나	한 끼라도 채식	재생 에너지원 사용 (전력 생산)
둘	채식 끼니 확대	최대한 전기 활용(전기 차, 전기 난방 및 조리)
셋	육식 방귀 해결	탄소 포집 (철강 및 시멘트 등 산업)

너희가 헷갈려 할까봐 위에 표로 정리해 봤어. 이제부터는 이 세 가지를 하나씩 살펴볼거야. 한 끼만이라도 제대로 채식을 하는 것도, 최대한 채식 식사 비율을 늘리는 것도, 방귀를 해결하는 것도 비용이 무지막지하게 들고 번거로운 일이야. 그래도 지금 내가 다이어트를 하는 게 워낙 시급하다고 하니, 하나씩 살펴보며 실천에 옮겨 보려 해. 나랑 같이 가줄래?

손이 가요, 손이 가, 석탄으로 손이 가요

너희들도 이 노래를 알까 모르겠다. "손이 가요, 손이 가, 새우깡에 손이 가요"라는 노래 말이야. 오랜 역사를 자랑하는 새우깡이 구닥다리로 느껴질지도 모르지만 여전히 대한민국 간식 업계의 톱스타라고 하더라. 아무튼 이 노래를 들으면 먹기 싫은 사람마저 자꾸만 슬그머니 먹고 싶어지는 효과(?)가 있는 것 같아. 열량이 높아 다이어트를 하는 사람들은 특히 더 조심해야겠지?

석탄은 인류에게 일종의 새우깡 아닌가 싶어. 이렇게 기후 위기다, 에너지 전환이다 실컷 떠들어도 실제로 화석 연료 사용량은 좀처럼 줄어들지 못하고 있거든. 실제로 2021년에는 세계적으로 석탄 화력 발전소 용량이 18.2GW 증가했대. 1GW는 중간 크기의 도시 하나가 쓰는 전력량이니, 거의 스무 개의 도시가 쓸 만한 전력을 석탄으로 추가 생산할 수 있단 거야. 이것도 모자라 2022년에는 그로부터 또 3퍼센트 이상 늘어 역대 최고치를 기록해 버렸어. 당장 끊어버려도 시원찮을

온실가스를 많이 배출하는 석탄

판에 석탄 발전이 늘다니, 어떻게 이럴 수가 있지? 자꾸만 석탄 용량이 늘어나는 이유는 사실 중국이 가장 큰 원인이야. 2023년 신규 석탄 발전소 관련 활동 95%가 중국에서 비롯된 것이거든. 이에 비해 유럽이나 미국은 감소 추세이긴 해. 하지만 중국을 욕할 것만은 아닌 것이, 우리나라도 다른 나라들도 중국이 값싼 물건을 계속 만들어 줘야 살아갈 수 있게 되어버렸으니, 우리 모두의 탓이지. 'Made In China' 없이 살 수 있니?

중국에서 석탄 발전을 늘린 것은 국제 정세 때문이기도 해. 원래 전쟁이 나면 에너지 가격이 뛰게 마련이라, 러시아-우크라이나 전쟁이 발발한 후부터 에너지 가격이 가파르게 상승했어. 전반적으로 에너지 가격이 비싸지니 그나마 값싼 석탄에 의존하게 되는 것이지. 석탄 대신 천연 가스로 전기를 만들면 석탄보다는 온실 가스 배출이 절반 수준이기는 한데, 문제는 전쟁처럼 예기치 못한 일이 발생할 때 널뛰기처럼 가격이 오르락내리락하는 연료거든. 그러다 보니 아무래도 석탄으로 자꾸만 돌아가는 것이지. 최근 인도 역시 재생 에너지 발전에 장애물이 많다며 2030년경까지 80GW 이상의 석탄 화력 발전소 용량을 늘리겠다고 발표해서 욕을 먹고 있어. 몇 GW만도 한숨이 나는데, 80GW라니? 거기서 배출될 그 많은 온실 가스는 대체 어떻게 하면 좋을까?

중국이나 인도만 문제가 아니야. 드넓은 아웃백에서 뛰어노는 캥거루가 연상되는 호주는 '청정 국가'의 이미지를 가지고 있지? 그런데 사실 호주는 석탄 의존도가 굉장히 높은 나라야. 요 몇 년은 감소 추세이긴 하지만, 호주는 여전히 석탄으로 인한 1인당 탄소 배출량이 가장 큰 나라 중 하나거든. 이런 기사를 읽으며 "쯧쯧, 호주도 문제네. 어쩌려고 이러나?"라고 하면 큰일이야. 왜냐하면 한국도 호주 바로 뒤에 서 있거든. 세계 평균보다 3배나 높다고 하니, 우리도 할 말 없지 뭐. 중국이나 미국보다도 더 높은 순위를 차지한 셈이니, 너나 나나, 다 같이 문제인 셈이야.

이처럼 당장 호주머니 사정이 나빠졌는데도 에너지 전환이니, 청정 에너지니 주장하기는 쉽지 않아. 다이어트를 하면서도 고소한 새우깡에 자꾸 손이 가는 다이어터처럼, 사람들은 기후 위기가 찾아온 것을 뻔히 알면서도 석탄을 딱 끊어내지 못하고 있는 실정이야.

" 토론거리

화석 연료의 사용 덕에 혜택을 보는 사례에 대해 이야기를 나누어 봅시다.

2장

재생 에너지 식단으로 장보기

1

샐러드를 먹으면
방귀가 안 나와

'석유 수저' 안 물고 태어나도 괜찮아

2022년 월드컵이 열렸던 나라인 카타르 알지? 신기하게도 이 나라에 사는 '진짜' 카타르 사람들은 전체 인구의 10퍼센트도 되지 않는대. 나머지는 죄다 외국인 노동자들로, 힘 쓰고 일하는 노동력은 모두 외국에서 데려온다고 해. 카타르 국적을 가진 사람들은 그냥 놀고 먹고 말이야. 어떻게 그게 가능하냐고?

'검은 황금', 즉 석유 덕분이야. 카타르는 중동의 많은 다른 나라들처럼 산유국이잖아. 사막에서 나는 석유를 전 세계에 팔아 부자가 되었어. 석유로 굴러가는 자동차, 트럭, 비행기가 늘

석유로 부자가 된 중동 산유국들

어날수록, 또 석유로 만드는 플라스틱과 화학 섬유의 쓸모가 늘어날수록 석유는 점점 소중해졌고 산유국들은 점점 더 부자가 되었어. 그러고 보면 한국처럼 천연 자원이 부족한 나라는 참 억울하지? 우리도 카타르 국민들처럼 여건만 주어지면 놀고 먹는 건 자신 있는데 말이야. 그 나라 사람들은 자기네가 노력한 것도 아닌데 석유 수저 물고 태어난 셈이니, 참 불공평해.

이처럼 화석 연료는 기후 위기와 별개로도 문제가 많아. 지리적으로 불균등하게 분포되어 있고, 자꾸 퍼내서 쓰다 보면 고갈될 수도 있지. 석유가 하필 중동에 몰려 있는 바람에 흰 원피스를 입은 아저씨들이 세계 경제를 쥐락펴락해 왔잖아. 게다가 석유를 다 쓰면 우리는 어떻게 하느냐는 걱정의 목소리가 수십 년 전부터 꾸준히 제기되어 왔어. 새로운 유전이 발견되기도 하고, 시추 기술이 발달하며 석유가 고갈될 시점은 점점 뒤로 미뤄지고 있기는 하지만, 계속 쓰다 보면 언젠가는 다 쓰지 않겠어? 석유만 그런 게 아니라 석탄도, 가스도 마찬가지야. 기후 변화 말고도 화석 연료는 문제가 많지.

반면 재생 에너지는 이런 문제가 없어. 기후 위기를 가져오는 온실 가스를 배출하지 않는다는 최고의 장점 말고도, 아무리 써도 고갈되지 않는단 것도 엄청난 장점이지. 영어로도 리뉴어블(renewable), 즉 다시 생긴다는 뜻이잖아. 자연의 축복이지. 지금부터는 내가 많이 먹어야 할 샐러드에 대해 조금 알아보려 해. 다른 건 몰라도 전기를 만드는 한 부문만큼은 꼭 채식을 하기로 약속했었잖아. 어떤 맛인지는 알고 먹어야 하지 않겠어?

재생 에너지 3대장, 물과 바람과 태양

샐러드에 들어가는 풀떼기(?)라고 다 똑같은 맛은 아닌 것처럼,

재생 에너지원에도 종류가 있어. 방귀 없는 깨끗한 전기를 만든다는 공통점은 있지만, 장단점도 특성도 각기 다르지. 어떤 종류의 채소를 섞어서 샐러드를 만들지 한 번 살펴볼까? 일단 현재 가장 흔하고 비중이 높은 셋만 꼽아서 들여다 보자. 물과 바람과 태양, 즉 수력과 풍력과 태양광이야.

너희는 재생 에너지라는 말을 들으면 어떤 장면이 떠오르니? 아마 건물 지붕에 붙은 태양광 패널이나 산등성이에서 빙글빙글 돌아가는 풍력 발전기를 떠올리는 친구들이 많을거야. 그런데 의외로 전 세계 재생 에너지원 중 절반 가까이를 담당하는, 샐러드 부문 1등은 '수력 발전'이야. 혹시 너희 '문명'이라는 게임 아니? 거기 보면 어마어마한 크기의 미국의 후버 댐이 나오는데, 그 크기로 짐작할 수 있듯 엄청난 양의 에너지를 만들어 낼 수 있어. 수력 발전이 다 댐으로 하는 건 아니지만, 대규모 수력 발전은 댐과 밀접한 관련이 있어. 과학 선생님처럼 설명하긴 싫지만, 물이 높은 곳에서 낮은 곳으로 떨어지며 위치 에너지가 운동 에너지로 변환되어 전기를 생산하는 것이거든. 그러니 물을 높은 곳에 가둬야 하는 것이지. 세계 최대 규모인 중국의 싼샤 댐은 흔히 만리장성 이래 최대의 토목공사로 알려져 있는데, 원자로 출력의 열 배가 넘는 전력량을 생산할 수 있다고 해.

어마어마한 규모의 미국 후버 댐

샐러드계의 1등이 수력이라면, 치고 올라오는 2등과 3등은 풍력 발전과 태양광 발전이야. 먼저 바람부터 살펴볼까? 강원도나 제주도에 가 보면 산등성이에 빙글빙글 도는 하얀 선풍기 같은 구조물을 본 적 있을거야. 바람의 힘으로 날을 돌려 전력을 생산하는 풍력 발전기지. 이렇게 내륙에 설치하면 육상 풍력 발전(onshore wind power), 바다에 설치하면 해상 풍력 발전(offshore wind power)이라고 해. 바람이 많이 불수록 많은 전력을 생산할 수 있겠지? 풍력 강국은 덴마크인데, 2019년에는 전체 전력 소비의 무려 절반 가까이를 풍력으로 조달했다고 해. 진짜 놀랍지 않아? 한국은 풍력뿐 아니라 재생 에너지원을 몽땅 다 합쳐도 2021년 기준 7퍼센트 남짓인데 말야. 요즘 기후 때문에 난리잖아. 청정 에너지가 각광받으며 풍력 발전량은 전 세계적으로 점점 늘어나는 추세야.

그렇다면 태양광 에너지는 어떨까? 시커먼 격자 무늬의 태양광 패널, 너희도 자주 본 적 있을거야. 아파트나 가로등, 야외 주차장의 지붕 등에서 손쉽게 발견할 수 있잖아. 아무리 햇볕이 약한 지역이라도 태양은 힘은 아주 강력해. 그래서 흐린 날이 많고 겨울철에 해가 짧은 독일 같은 나라도 의외로 아주 적극적으로 태양광 발전을 추진해 왔대. 어차피 아무리 많이 이용해 봤자 지표면에 도달하는 태양 에너지의 아주 일부만을 이용하는 것이거든. 재생 에너지원 중 지난 10년 간 가장 폭발적으로 이용이 늘어난 것도 태양광이야. 가격도 많이 싸졌고 말이지. 잠깐, 너희도 혹시 태양'광'이랑 태양'열'이 헷갈리니? 그럴 수 있어. 나도 그랬거든. 둘 다 태양의 에너지를 이용한다는 점에서는 같기는 해. 다만 태양'광'은 햇빛을 이용해서 전기를 만들고, 태양'열'은 따뜻한 태양의 열기를 이용해서 열 에너지를 만든다는 점이 달라. 태양광으로 만든 전력은 전기를 쓰는 모든 기기에 요긴하게 쓸 수 있고, 태양열로 만든 에너지는 주로 집을 따뜻하게 데우는 데 사용돼. 지금은 깨끗한 전력을 생산하는 부분을 들여다보고 있으니, 여기서 내가 말하는 건 다 태양'광'이야. 전기를 만드는 거니까 태양'전지'라고도 하지.

아무튼 이렇게 수력, 풍력, 태양광 탑 쓰리가 현재 재생 에너지 이용의 대부분을 차지하고 있어. 지리적 한계가 비교적 적고, 점점 찾는 사람들이 많아지며 규모의 경제가 생겨서 가격도 쭉쭉 내려가고 있지. 미국 스탠퍼드 대학교의 마크 제이콥슨(Mark Z. Jacobson) 교수는 WWS(Water, Wind, and Solar)만으로도 전 세계 에너지 수요 100퍼센트를 충당할 수 있다고 주장하고 있어. 물론 여기 동의하지 않는 전문가들도 많기는 하지만, 그만큼

재생 에너지 대표 주자, 태양전지

이 셋만 가지고도 잠재력만큼은 충분하다는 소리겠지? 일단 내가 먹을 샐러드거리로는 합격인 것 같아.

님들아, 존재감 좀…

인터넷에서 이런 거 본 적 있니? "내가 얼마나 존재감이 없느냐면 택시 기사님이 나 태우고 기사식당 오심…." 맙소사, 있으나 마나 한 사람은 이런 일도 있나 봐. 그런데 재생 에너지계에도 존재감 없는 애들이 참 많아. 어린 시절, 미래의 에너지에 대해 배울 때는 파도를 이용하는 '파력' 에너지라든지, 조수간만의 차를 이용하는 '조력' 에너지라든지, 땅의 열을 이용하는 '지열' 에너지 같은 이런 저런 종류의 에너지가 참 많았는데 말이지. 그런데 관련 뉴스를 보다 보면, 오잉? 온데간데없어. 허구한 날 태양광과 풍력 얘기만 나오니 말야. 대체 왜 그런 걸까? 샐러드의 종류가 많으면 많을수록 다이어트도 성공할 가능성이 높을 것 같은데 말야. 재생 에너지원별 발전 현황을 보면 답이 나와. 걔네들은 정말…. 존재감이 없거든. 택시 기사님이 태우면 기사식당 가실 판국이야. 아이디어만 놓고 보면 참 멋지고 그럴 듯한데, 정작 현실에서는 사용을 잘 못하고 있어. 그래도 다이어터로서 궁금하니, 여기서는 조력과 지열, 두 가지만 한 번 살펴볼까 해.

세상만사 변하지 않는 게 없고, 연인을 향한 사랑도 변하는 법이라지만 천 년이 지나도 변하지 않는 게 있어. 그건 바로 밀물일 때 바닷물이 밀려들어왔다가 썰물이 되면 쫘아~ 하고 빠져나가는 조수간만의 차이지. 매일 바다의 밀물과 썰물은 반복되기 때문에 이를 이용해 전기를 만들 수 있어. 이걸 바로 '조력 발전'이라고 불러. 물의 힘, 바람의 힘, 태양의 힘도 이용하는데 바다의 힘이라고 왜 이용할 수 없겠어? 바다 에너지가 갖는 매력

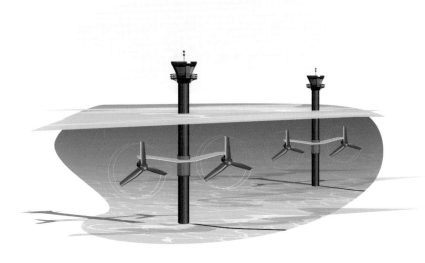

조수 간만의 차를 이용한 조력 에너지

은 엄청난 잠재성이야. 잠재력만 따져 보면 연간 무려 7억 5천만 가구에 전력을 공급할 수 있을 만큼 어마어마하거든. 그래서 지금의 미미한 존재감이 더 아쉽지.

대부분 재생 에너지 프로젝트가 그렇듯 조력 발전도 가장 큰 걸림돌은 '비용'이야. 바다에 구조물을 설치하려니 큰 규모의 토목 공사가 필요하게 마련이거든. 그래도 대한민국에는 세계 최대 규모의 조력 발전소가 있는데, 바로 '시화 조력 발전소'야. 서

해의 경우 그나마 조수간만의 차가 큰 편이라 돈만 들이면 조력 발전소를 만들 수 있지만, 다른 지역의 경우 애초에 입지 조건을 충족하지 못해 고려조차 못하기도 해. 어찌저찌 지었다 하더라도 거친 바다와 짠 바닷물에 시설이 상하지 않도록 잘 관리해야 하니, 좀 까다로운 녀석이지.

지열 발전은 땅의 힘을 이용하는 거야. 아니, 땅의 힘이라기보다는 언제나 기온이 일정한 땅의 특성을 이용하는 거야. 땅을 파고 들어가면 100미터마다 평균적으로 3.3도씩 온도가 올라가거든. 그리고 깊이 내려갈수록 온도 변화가 적어. 사람으로 따지자면 지표면은 감정 기복이 심한 성격이고, 땅 속은 무슨 일에도 동요하지 않는 공자님 같은 성품이랄까? 지표면은 낮에 덥더라도 밤엔 차갑게 식지만, 조금만 땅을 파고 들어가 보면 1년 365일 항상 일정한 열기를 유지하고 있어. 추운 겨울에도 모락모락 김이 나는 온천수가 쉬운 사례지. 울었다 웃었다 난리 부르스를 치는 지표면을 달래듯, 땅 속은 태양과 관계없이 평정심을 유지한단다.

사람들은 아주 오랜 옛날부터 지열 에너지를 이용해 왔어. 이웃 나라 일본은 화산 활동이 활발하다 보니 땅도 뜨거운데, 지

땅의 열을 이용하는 지열 발전소

진의 위험이 있는 건 단점이지만 온천이 발달한 건 장점이야. 눈 쌓인 추운 겨울날에도 모락모락 김이 나는 노천탕을 즐길 수 있 잖아. 야생 원숭이들도 눈을 감고 온천을 즐기기도 한다니 좀 웃 기지? 뜨거운 물로 목욕이나 난방을 하는 것에서 한 걸음 더 나 아가, 전기를 만들 수도 있어. 바로 이걸 지열 발전이라고 해. 땅 을 파서 뜨거운 물이나 수증기가 분출되면 그 힘을 터빈을 돌리 고, 그러면 전기가 생기거든. 석탄을 태워서 터빈을 돌리는 게 아니라 원래 뜨거운 땅의 열기를 이용하는 것이니 온실 가스가 배출되지 않아.

　더 멀리 가 볼까? 아이슬란드라는 나라는 지질 활동이 워낙 활발해서 아직도 새로운 섬이 하루 아침에 생기기도 하는 곳이야. 그러다 보니 지열 발전이 지구상에서 가장 활발하게 이루어지고 있어. 아이슬란드 사람들은 지열을 이용해서 전기도 만들고, 냉난방을 하기도 하고, 물을 데우기도 한대. 요즘은 기술이 좋아져서 꼭 아이슬란드처럼 화산 활동이 활발해야만 지열 발전이 가능한 것은 아니야. 땅을 충분히 깊이 파고 들어가면 발전에 넉넉한 열이 존재하거든. 하지만 안전 등 여러 요소를 고려해야 하기 때문에, 아직 이렇게 깊이 구멍을 뚫고 지열 발전을 하는 경우는 드문 편이야. 개발 잠재성이나 수익성 등을 고려하면 지열은 아직 쉽게 손이 가지 않는 선택지야.

　날씨의 영향을 크게 받는 태양광이나 풍력 발전에 비해 조력 발전과 지열 발전은 언제나 안정적인 발전이 가능한 것이 장점이야. 다만 초기 비용이 많이 들고 부지를 선정하는 것이 아무래도 어렵기 때문에 널리 쓰이기 쉽지 않지. 존재감이 없는 이유, 대충 알 것 같지? 매일 먹는 샐러드 재료로는 좀 어렵겠어.

날 없는 선풍기가
어디 있다고

우리 집 바로 앞에는 풍력 발전기가 있다는 사람, 손! 거의 없지? 왜냐하면 빙글빙글 풍력 발전기는 사람이 거의 살지 않는 산등성이나 바닷가에 지어지기 때문이야. 선풍기 같은 발전기의 날개가 크면 클수록 발전 효율도 높아지기 때문에, 요즘 짓는 풍력 발전기는 정말 겁나 크더라고. 날개 하나에 무려 100미터라니까! 그렇기 때문에 우리가 흔히 거주하는 아파트 단지나 학교 근처에는 건설 자체가 불가능하지. 어쩐지 풍력 발전기를 본 게 어디였나 떠올려 보면, 인천공항 가는 길이나 대관령 산등성이, 제주도 산꼭대기 등이 생각날 거야.

이처럼 풍력 발전기는 태양광 패널에 비해 입지 조건이나 건설 비용이 만만치 않아. 태양광 패널은 크기도 다양해서 적당한 걸 골라 아무 데나 붙이면 되는데, 풍력 발전은 그게 안 되는 거지. 하다못해 태양광 패널은 지상 주차장 지붕이나 가로등 옆에 붙일 만큼 주변에서 흔히 볼 수 있는데, 풍력 발전기는 멀리 있을 수밖에 없는 운명이라 이용하

예쁜 꽃모양의 미니 풍력 발전기

는 건 그리 쉬운 게 아니야.

그래서 요즘 새롭게 뜨고 있는 방식의 풍력 발전이 있어. 바로 이런 귀여운 튤립 모양을 하고 있는데, 정말 앙증맞지 않니? 야외 조형물처럼 생긴 이런 것들이 바로 '소형 풍력 발전기'라고 해. 플라워 터빈(FlowerTurbines)라는 회사가 만든 이 작은 풍력 발전기는 사이즈도 작을 뿐더러 모양도 예뻐서 도심에도 설치가 가능하대. 기존의 거대한 풍력 발전기의 '윙윙'거리는 소음도 없어서 주유소나 상가의 지붕에도 손쉽게 설치할 수 있고 말이지.

꽃을 싫어하는(!) 친구들이 있다면, 다행히 새로운 풍력 발전기가 꽃 모양만 있는 건 아니래. 가정에서도 쉽게 설치할 수 있도록 공간을 잡아먹지 않게 위아래로 길쭉한 수직형 풍력 발전기도 있어. 게다가 날개가 달리지 않는 풍력 발전기도 있어. 풍력 발전기의 핵심인 날개가 없다니, 세상에 정말 별 게 다 나와 있지? 원래는 날개가 빙글빙글 돌아가며 운동 에너지가 전기 에너지로 변환되는 것이 풍력 발전인데, 이런 날개 없는 발전기는 부르르(?) 떨면서 발전을 한다고 해. 여러 새로운 시도가 눈에 띄지.

풍력 발전이 성장하고 있는 또 다른 영역은 바다 위, 즉 해상 풍력 발전이야. 노르웨이나 영국은 특히 해상 풍력 강국이야. 바이킹이 배를 타고 다니던 거친 바다를 떠올리면 그 지역이 왜 해상 풍력 발전에 적합한지 알 수 있지. 요즘 육상 풍력 발전 대신 해상 풍력 발전이 각광받는 이유가 뭔지 아니? 풍력 발전기는 사실 그렇게 큰데도 한 대가 생산할 수 있는 전력량이 그리 크지 않아. 석탄 화력 발전소 하나에 맞먹는 전기를 얻으려면 풍력 발전기 500개를 설치해야 할 만큼 풍력 발전기 하나가 생산하는 전력량이 많지 않거든. 그래서 여러 대를 설치해야만 해. 그렇다 보니 주민들의 반대 때문에 입지 선정이 쉽지가 않아. 그래서 차라리 바다 위가 낫지 않겠냐는 말이 나온 거지.

해상 풍력 발전은 가까운 바다 밑바닥에 기둥을 박아서 풍력 발전기를 세우는 방식인데, 요즘은 먼 바다에 부유식으로 동동 띄우는 풍력 발전기도 논의되고 있어. 가까운 바다에는 고기잡이 배들도 다녀야 하고, 바다 풍경으로 먹고 사는 관광업도 있다 보니 이런저런 대안이 논의되고 있는 거지.

바다 위에서 발전하는 해상 풍력 발전

아무튼 이렇게 다양한 방식이 논의될 만큼, 풍력 발전은 신재생 에너지 중 가장 앞서 나가고 있는 부문이야. 국가마다 조건이 다르기 때문에 앞서 언급한 덴마크처럼 풍력을 아주 높은 비율로 이용하는 나라가 아직 드물긴 해. 하지만 바람은 어디서나 부니까, 그 기회를 잘 이용해야겠어.

" 토론거리

자신이 직접 본 재생 에너지 발전원에 대해 이야기해 봅시다. 어디서 보았나요? 크기는 어땠나요?

2

엥, 가격표 좀
다시 봅시다

유기농 제품이 더 비싼 것처럼

그래, 일단 샐러드를 먹어야 하는 건 잘 알겠어. 햇빛이 되든, 바람이 되든 일단 화석 연료 대신 먹어 보자고 난 결심했어. 그래서 화석 연료 대신 재생 에너지를 사러 갔지. 그런데 가격표를 보니, 맙소사. 이렇게 매일 먹으려면 통장이 금방 거덜나겠어. 재생 에너지가 화석 연료에 비해 비싼 것, 알고 있었어? 마치 유기농 채소가 한우보다도 비싼 꼴이야.

사실 환경에 좋은 제품이 더 비싼 경우는 흔히 볼 수 있어. 너희도 가끔 마트에 갈 일이 있지? 다음에 마트에 가면 한 번 세제

칸에 가 봐. 세제가 다 비슷비슷할 것 같은데, 다른 제품에 비해 유달리 비싼 제품이 있거든. 특히 유해 성분을 제거했다느니, 환경 친화적 제품이라느니 이런 말이 써 있으면 십중팔구 일반 세제보다 비쌀 거야. 세제만 그런 게 아니야. 달걀 중에서도 닭이 살기 좋은 환경을 조성한 농장에서 나오는 '동물복지란'이 더 비싸고, 물티슈도 시간이 지나면 썩어버리는 '생분해' 물티슈가 더 비싸. 왜냐하면 좀 더 바람직한 제품을 만들기 위해서는 기업 입장에서도 더 돈을 들여야 하기 때문이야. 유해 물질 테스트를 하고 이를 제거하는 공정을 추가해야 하고, 닭을 위해 더 넓은 공간을 마련하는 등 추가적인 돈이 들 수밖에 없잖아. 그리고 그 비용은 소비자 가격에 반영되게 마련이지.

이처럼 환경 친화적인 제품을 구매하기 위해 추가적으로 지불하는 비용을 어려운 말로 "그린 프리미엄(green premium)"이라고 불러. 최근 환경에 신경쓰는 소비자들이 많아지며 그린 프리미엄을 기꺼이 지불하면서 친환경 제품을 구매하는 사람들이 많아졌어. 하지만 그린 프리미엄도 정도가 있지, 너무 비싸져 버리면 아무리 환경 보호를 위해 노력하는 사람이라도 지갑을 닫아버리겠지? 그래서 그린 프리미엄은 최대한 낮춰야 해.

물건만 그런 게 아냐. 전기를 만드는 것도 마찬가지라고. 내가 다이어트를 위해 샐러드를 많이 먹으려면, 즉 화석 연료 대신 재생 에너지 비율을 늘리려면 화석 연료보다 재생 에너지원으로 전력을 만드는 것이 더 싸야 해. 지구를 위한 것도 좋지만, 당장 내 호주머니 사정이 제일 중요하니까 말이야. 아직도 전 세계에서 화석 연료를 이리도 많이 사용하는 것이 사실 단가와 무관하지 않아. 아직도 전체 전력 생산의 60퍼센트 가량을 화석 연료에서 조달하고 있거든.(Statista.com, 2022년 기준) 그나마 최근 10년 사이에 재생 에너지 발전 비율이 엄청 많이 늘어서 그 정도야. 생각보다 재생 에너지를 많이 사용하지 못하고 있지? 따로 재생 에너지 설비를 마련하고 운영하려면 돈이 많이 드는 일이거든. 그린 프리미엄이 붙는다고. 기존에 만들어 놓은 화력 발전소가 멀쩡히 굴러가고 있는 한, 연료만 좀 사다가 태우는 게 제일 싸게 먹히는 법이지. 그러니 나한테 다이어트하라고 잔소리하기 전에, 샐러드 가격부터 좀 낮춰 줘.

재생 에너지가 더 싸다던데?

혹시 뉴스를 열심히 본 친구가 있다면 이쯤에서 이런 의문이 생길지도 모르겠어. "야, 너 틀렸어. 뉴스에서 보니 요즘은 태양광

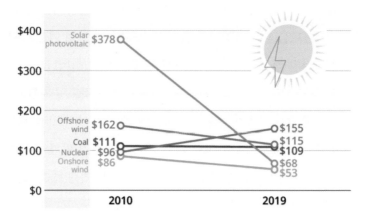

에너지원별로 전력을 생산하는 비용은?

발전이 석탄 발전보다 싸다고 하던데? 너 지금 다이어트하기 싫어서 뻥 치는 거 아냐?" 오, 제법인걸. 사실 그 말이 맞아. 재생에너지가 화석 연료에 비해 많이 비싸단 것도 점점 옛날 얘기가 되어가고 있어. 실제로 태양광과 풍력 발전은 발전 단가가 점점 더 낮아져서 화석 연료와 비등한 수준이 되었거든. 심지어 화석 연료로 전기를 만드는 것보다 햇빛과 바람으로 만드는 것이 더 싸진 곳들도 많아졌어. 각국 정부에서 대폭 지원을 해 주기도 했고, 시장 자체가 커지며 '규모의 경제'가 생겨 저렴해진 것도 있어. 그럼 내 식단이 샐러드 위주로 바뀌는 건 어렵지 않겠네?

그런데… 미안하지만 이게 그렇게 단순한 문제는 아니야. 발전 단가가 싸졌다고 바로 에너지 전환이 일어나는 건 아니거든. 전기를 만드는 비용이라는 게, 우리가 마트 가서 물건을 살 때 보는 가격표처럼 간단하지가 않아. (진짜야, 나 샐러드 먹기 싫어서 이러는 거 아냐!) 우선 재생 에너지랑 화석 연료 가격이 비슷해졌다고 하는 건 '전체 생애주기'로 보았을 때의 얘기야. 생애주기라니, 무슨 골치아픈 얘기냐고? 그러면 쉬운 예를 들어볼게. 너희가 휴대폰을 새로 산다고 생각해 봐. 100만 원 짜리가 있고, 10만원 짜리가 있어. 가격표를 보면 당연히 100만 원 짜리가 훨씬 비싸지? 너무 비싸서 10만 원 짜리를 사 왔다고 치자. 그런데 그만 한 달만에 고장이 나 버린다면…. 옆집 친구는 부모님을 졸라 100만 원짜리 휴대폰을 산 다음 2년을 쓴다면….(악, 배아파.) 과연 뭐가 더 비싼 걸까? 가격표에 쓰인 것처럼 10만 원짜리가 더 싸다고 할 수 있을까? 휴대폰의 '생애'로 가격을 나누어 보면 10만 원짜리가 훨씬 비싼데 말이야.

전기를 만드는 것도 똑같아. 지금 이미 화석 연료 발전소는 지어져 있는 상황인데, 재생 에너지 설비는 처음부터 투자해서 지어야 한다면 당연히 화석 연료를 사서 쓰는 게 싸겠지. 공정하게 비교하려면 모든 에너지원에 대해 요람에서 무덤까지, 전 생애주기에 드는 비용을 비교해야 해. 발전 설비를 짓는 것에서부터 연료를 조달하는 것, 시설이 고장나면 고치는 것, 수명을 다해 폐기하는 것까지 말이야. 이걸 어느 세월에 다 계산하고 앉아 있냐고? 복잡한 작업이기는 하지만, 다행히 전세계의 수많은 똑똑한 학자들이 이미 다 계산해 놨어. 우리는 인터넷 검색만으로도 이 수치를 쉽게 알 수 있지. '태양광 발전이 석탄 화력 발전보다 싸졌다'는 뉴스 기사도 이 숫자를 비교해서 나온 거야. 마트에서 세제를 살 때처럼 한 번에 쓰는 비용이 아니라, 장기적인 관점에서 도출한 가격표인 셈이지. 실제로 재생 에너지로 옮겨 갈 때까지는 시간이 걸린단 거, 이해하겠지?

한국은 또 다른 이야기

게다가 우리가 살고 있는 대한민국은 상황이 좀 더 암울해. 너희 혹시 '앨 고어'라는 미국 정치인 아니? 미국 클린턴 행정부 시절에 부통령을 지내기도 했고, 환경에 관심이 많아 〈불편한 진실〉이라는 기후 변화 다큐멘터리를 제작하기도 해서 유명해졌어. 2007년에는 아까 언급한 IPCC(기후 변화에 관한 정부간 패널)와 함께 노벨 평화상까지 수상했지. 멋있는 할아버지지? 최근에 이분이 한국에 오셨는데, 이런 인터뷰를 하셨더라고. 한국이 다른 나라에 비해 독특한 점이 있는데, 그건 바로 한국의 재생 에너지 가격이 다른 국가들에 비해 너무나 느리게 떨어지고 있다는 거야! 2023년 기준으로 전 세계 96퍼센트의 지역에서는 석탄 발전이 태양광이나 풍력에 비해 비싸거든. 그런데 한국은 나머지 4퍼센트 지역에 속한다는 거야. 아직도 석탄을 태워서 전기를 만드는 게 더 싸거든. 앨 고어 전 부통령이 그러셨어. "한국은 재생 에너지가 화석 연료보다 저렴해지는 거의 마지막 국가 중 하나입니다."라고 말야. 다른 건 몰라도 이 부문에서 꼴찌라니, 기분이 썩 좋지는 않지? 실제로 태양광 발전이나 해상 풍력 발전 단가가 미국의 두 배가 넘는다고 해.

물론 더 먼 미래를 내다보면 분명 한국의 재생 에너지 발전 단가도 점점 떨어지긴 할 거야. 하지만 현재로서는 해결할 문제가 많아. 다른 나라들에 비해 재생 에너지 시장도 작고, 인허가를 받는 과정이 복잡하고, 설비 비용이 상대적으로 높은 반면에 부지 선정도 쉽지 않으니 말이야. 비용이 싸다 해도 에너지 전환이라는 게 하루 아침에 이루어지는 일이 아닌데, 한국은 다른 나라보다도 더 장애물이 많다니 안타깝지. 다이어트를 어느 세월에 하려고 이러나?

아무튼 지금까지 재생 에너지라는 샐러드엔 어떤 종류가 있는지 알아보고, 여기 따라오는 비용 문제에 대해 들여다봤어. 좋은 소식은 전 세계적으로 가격이 점점 내려가고 있단 거지. 어쨌든 내가 방귀를 뀌지 않게 도와주는 식단이니, 저렴하게 조달할 수만 있다면 화석 연료 대신 재생 에너지만 쓰는 것이 기능해지지 않겠어? 그러면 기후 위기도 저절로 해결될 거고….

아휴, 처음엔 나도 그럴 줄 알았지. 그런데 이 문제에 대한 답은 'NO'야. 가격이 싸져도 왜 샐러드만 먹을 수 없는지, 그 이유를 이제부터 알아보자.

엘씨오이(LCOE)가
무슨 오이죠?

혹시 <오싫모>라는 모임 들어봤니? "냉면을 주문할 때 '오이 빼 주세요'라고 말 할 필요가 없는 세상을 바란다"는 사람들, 즉 '오이를 싫어하는 사람들의 모임'이야. 사실 오이를 싫어하는 건 입맛이 특별히 까탈스러워서가 아니라 맛을 느끼는 유전자가 유달리 발달해서라고 하더라. 오이를 싫어하는 사람은 프로불편러보다는 미식가에 가깝다는 뜻이지. 오이를 싫어하는 친구가 있다면 그들의 잘못이 아니니 너무 미워하지 말아 줘.

왜 이렇게 오이 얘기를 길게 했느냐 하면, 여기서 설명하고 싶은 개념이 있는데 말이 너무 어려워서 도망갈까봐 그랬어. 바로 LCOE, 엘씨오이라는 개념인데, 오이를 생각하면 그래도 좀 외우기 쉽지 않을까 해서 오싫모 얘기까지 해 봤어. 아무튼 이 LCOE라는 건 아까도 얘기한 '전기를 만드는 비용'이야. 'COE' 부분이 바로 전기를 만드는 비용(Cost of Electricity)을 나타내. 석탄 또는 가스를 태워서 만들 때, 햇빛이나 바람을 이용해서 만들 때, 원자력을 이용해서 만들 때 등 에너지원별로 도출하는 하나의 수치란다. LCOE가 높으면 비싼 에너지원, LCOE가 낮으면 값싼 에너지원이라고 할 수 있어.

그러면 대체 그 앞에 붙은 L은 뭘까? 그건 Levelized, 즉 균등화된 발전 비용을 말해. (다 들린다, 도망가는 소리!) 본문에서 설명했듯 에너지원별로 전기를 만들 때 드는 돈은 마트에서 세제를 사듯 가격표에 찍힌 숫자를 한 번에 지불하는 게 아니라고 했잖아. 전력을 생산하기 위해 설비도 지어야 하고, 연료가 필요하다면 매번 구매해야 하는 연료비도 생각해야 하고, 시설을 운영하며 드는 유지보수비도 고려해야 한다고. 각 에너지원에 대해 이 가격은 다 다르기 때문에, 모든 에너지원에 대해 공평하게 고려하기 위해 '균등화'시키는 거야.

너희도 시험에서 평균 점수를 계산할 때, 점수의 총합을 과목 수로 나누지? 그런 것처럼 그 발전 시설이 '평생' 쓴 돈을 '평생' 만들어낸 에너지양로 나누면 균등화된 비용이 나와. LCOE를 도출하는 식은 엄청 어려워 보이지만, '전 생애를 통틀어 발전소에 들어간 비용'을 '그동안 생산한 전력량'으로 나눈 것에 불과해. 그러면 전기 1kWh를 생산하기 위해 투입된 돈이 얼마인지 계산할 수 있으니까 말이야.

아무튼 LCOE는 에너지원별로 딱 하나의 숫자가 나오기 때문에, 비용을 비교할 때 참 편리한 도구야. 본문에 나온 그래프에서 각 에너지원별 LCOE 추세를 살펴보면, 흥미로운 점을 발견할 수 있어. 지난 십수 년간 석탄은 크게 변화가 없는데, 재생 에너지원, 특히 태양광의 LCOE는 말도 안 되게 큰 폭으로 뚝 떨어진 것을 볼 수 있잖아. 풍력의 발전 비용도 마찬가지로 꾸준히 내려가고 있네. 사실 태양광과 풍력은 처음 세팅만 잘 해 놓으면 그 다음에는 공짜잖아. 햇빛과 바람을 쓰는 데 돈을 낼 필요가 없으니까 말이야. 그래서 국제적인 수급 상황에 따라 가격 변동이 있는 화석 연료에 비해 연료비 측면에서 매우 유리해. 전쟁이라도 나면 천연 가스나 석유는 가격이 출렁출렁하는데, 햇빛이나 바람은 그거랑 아무 상관이 없으니까.

재생 에너지를 도입한 초기에는 비용 차이가 많이 났기 때문에 각국 정부에서 재생 에너지에 보조금을 많이 지급했었어. 그런데 요즘은 재생 에너지의 LCOE가 극적으로 낮아지고 있기 때문에 보조금도 점진적으로 철폐되고 있는 추세야. 마치 예전에는 한국 영화의 경쟁력이 부족해 '스크린 쿼터제'를 통해 한국 영화 산업의 성장을 도왔지만, 점차 지원을 줄이는 것과 비슷하지. 어디까지나 혼자 힘으로 설 수 있을 때까지만 보호한다는 취지이고, 천년만년 영원히 도와줄 수는 없는 노릇이잖아.

LCOE가 낮아지고 있는 것은 정말 반가운 소식이야. 아무리 낮아져도 현재 운영되는 화석 연료 발전소들이 수명을 다할 때까지는 아직 시간이 좀 남았기 때문에, 에너지 전환이 당장 일어나는 건 아니거든. 그렇지만 재생 에너지를 이용하는 비용이 싸졌으니 점점 늘어나는 건 시간 문제야. 게다가 기후 위기를 가져온 화석 연료의 해악이 LCOE에는 숫자로 반영되어 있지 않아. 아무리 값싼 물건도 유해 물질이 가득 들어 있으면 손이 가지 않겠지? 화석 연료가 가격은 싸 보여도 기후에 미친 영향과 그걸 수습할 비용을 생각하면 보기보다 비쌀 수 있단 거야. 그것까지 생각하면 가격표에는 반영되지 않은 이득이 재생 에너지 쪽에 더해져 있다고 볼 수 있어. '오싫모' 사람들도 이런 LCOE는 좋아하지 않을까?

3장

100퍼센트 샐러드
식단이 불가능한 이유

1

배보다 배꼽이 큰
재생 에너지

이렇게 큰 땅이 필요하다고?

너희 동네에도 '별다방' 하나쯤은 있지? 그래, 커피숍 스타벅스 말하는 거야. 가끔 스타벅스에서 한정판 굿즈가 나오면 그야말로 난리더라. 사은품을 받기 위해 음료를 수십 잔, 수백 잔까지 시켜 먹는다고 뉴스에도 났더라고. 가끔 이건 좀 아니다 싶을 때가 있어. 사은품도 좋지만, 배보다 배꼽이 큰 느낌이랄까?

배보다 배꼽이 큰 것 같은 느낌이 들 때가 또 있어. 가끔 고속도로를 타고 교외에 나가 보면, 산을 깎아 태양광 발전소를 만들어 놓은 것을 볼 수 있을거야. 태양광 발전은 청정 에너지를 위

너무도 큰 땅이 필요한 재생 에너지

해 꼭 필요한 거라지만, 벌거숭이 산을 보면 뭔가 묘한 기분이 들더라고. 숲은 내 방귀, 그러니까 온실 가스를 빨아들여 없애는 고마운 존재잖아. 그런데 기후 위기를 막는다면서 숲을 없애 버리는 것이 과연 맞는 걸까? 알쏭달쏭해.

무조건 비난하기 전에, 일단 숲을 밀어버려야 하는 근본적인 이유를 알아야 해. 재생 에너지는 안타깝게도 한 번에 많은 양의 전기를 생산하지 못해. 조그만 마을에서 사용하는 전력량을 생산하려면 태양광 패널을 무려 3천 평에 걸쳐서 설치해야 하거든. 서울이나 도쿄 같은 대도시는 작은 마을의 수천 배 이상의 전기가 필요한데, 대체 그 많은 태양광 패널을 어디다 설치하느냐 이거야. 건물 옥상에도 설치해 보고 버스 정류장 지붕에도 설치해 봐도, 그만한 면적은 나오질 않아. 지금의 화력 발전소만큼 상업적 규모로 전력을 생산하려면 빈 땅을 만들어야 한단 거야. 그러다 보니 산을 밀어 버릴 수밖에 없고 말야.

반면에 화석 연료를 태우는 발전소들은 작은 부지에서 어마어마한 전력을 생산해 내. 어려운 말로 일정 면적에서 생산 가능한 전력, 즉 '전력 밀도'가 크다고 하지. 얼마나 촘촘하게 무언가가 들어차 있는지를 밀도라고 부르잖아? 조그만 면적에서도 전력을 쫀쫀하게 가득 얻을 수 있는지, 아니면 커다란 면적에서 듬성듬성 얻을 수 있는지를 전력 밀도로 표현할 수 있는 거야. 재생 에너지원은 전력 밀도가 작다 보니 같은 양을 생산하려면 무지막지하게 큰 면적이 필요하다는 사실! 실제로 모든 사람들이 재생 에너지에만 의존해 살아가려면 현재의 문명을 유지하기 위해 지금보다 100배에서 1,000배나 넓은 토지를 사용해야 한다고 해[4]. 이것도 참 다이어트와 비슷해. 다음의 그림을 보면 똑같은 칼로리를 내기 위해 육류는 요만큼만 필요한데, 샐러드는 이만큼이나 필요하잖아.

---

4) 마이클 셸런버거,《지구를 위한다는 착각》 p. 383

게다가 많은 사람들이 잘 모르는 사실 중 하나는 '최대 생산 가능한 양'과 '실제로 생산하는 양'이 다르단 거야. 옷가게 창문에 '90퍼센트 세일!'이라고 써 붙여 있다고 생각해 봐. 분명 그 옆

채식으로 배부르려면 이만큼 많이 먹어야 해!

에서 개미만한 글씨로 '최대'라고 써있을걸? 최대 90퍼센트 할인한단 거지, 모든 물품에 대해 다 90퍼센트씩 깎아준단 건 아니잖아. 어떤 옷은 20퍼센트만 세일을 하고, 다른 옷은 50퍼센트 세일을 하는 식일 거야. 재생 에너지로 전기를 만드는 양도, 설비 용량과 실제 생산량은 달라. 평소에 실제로 발전하는 양은 진짜 최대로 다 돌려서 전력을 생산했을 때의 양보다 적기 마련이야. 게다가 풍력이나 태양광은 그날 그날의 날씨에 아주 큰 영향을 받는 발전 방식이다 보니, 설비 규모에 비해 실제 발전량은 훨씬 적은 셈이지. 한국도 재생 에너지 설비를 열심히 늘려놓긴 했지만 정작 실제 발전량은 제자리걸음이라 문제라고 지적하는 사람들이 많아. 많은 설비들이 그냥 놀고 있단 거니까. 어

쨌든 '전체 전력 수요의 50퍼센트를 충당할 만큼의 설비를 지었다'고 해서 진짜로 '50퍼센트'를 생산하고 있단 뜻은 절대로 아니란 것, 알겠지? 다이어트하는 사람이 샐러드를 잔뜩 쟁여 놨다고 해서 실제로 그만큼을 먹었단 의미는 아닌 것처럼.

그렇다 보니 산을 깎아가며 열심히 태양광 발전소를 지어봤자, 생각보다 효과가 엄청난 건 아냐. 즉각 화석 연료 발전소를 대체할 만큼이 아니란 거지. 미국에는 재생 에너지 이용 자체에는 찬성하지만, 산을 밀어버리는 대규모 태양광 발전만큼은 반대하는 단체도 있어. 할 거면 소규모로 해야지, 이런 식으로 민둥산을 만들어 버리면 친환경이고 뭐고 안 된다 이거야. 한 번 생각해볼 만한 주제 아니니?

스르륵, 빠져나가지 않게 저장하려면

게다가 재생 에너지에는 또 다른 치명적인 단점이 있어. 너희가 일기예보에 속은 적 있다면 아마 공감할걸? 비가 온다고 해서 우산을 들고 외출했는데 비 한 방울 안 와서 하루종일 거추장스럽게 우산을 들고 다닌 적 있니? 또, 날씨가 맑을 것이라고 해서 예쁘게 입고 외출했는데 쫄딱 젖어버린 적도 있을거고 말야. 이

흐린 날은 발전량이 적은 태양광 발전

처럼 날씨라는 건 참 변덕스러워. 오죽하면 기상청에 전화해서 항의하는 사람들까지 있겠어?

이처럼 햇볕이 쨍쨍, 바람이 씽씽 부는 건 일시적인 자연 현상이야. 따라서 깜깜한 밤엔 태양광 패널에 전기가 흐르지 않고, 갑자기 잠잠해진 바람 앞에서 풍력 발전기는 고요히 멈추어 있지. 우리에게 1년 365일 24시간 전기가 필요한데, 태양광과 풍력 발전은 늘상 안정적인 전력 생산을 약속하지 않아. 이런 특성을 태양, 풍력 에너지의 '간헐성'이라고 해. 깨끗하고 고갈되지 않는다는 커다란 매력에도 불구하고, 이들의 발목을 잡는 가장 큰 요소가 바로 이 간헐성이야. 태양빛으로만 전기를 만들려면 밤에는 휴대폰 충전을 하지 말란 거야? 이건 말도 안 되잖아.

딸깍, 스위치를 올리면 무슨 일이 있어도 전등불이 반짝 들어와야 해. 즉, 안정된 전력 공급은 현대 사회의 필수 조건이란 거지. 젊고 건강한 너희들이야 휴대폰 충전 좀 못해도 당장 큰일 나는 건 아니지만, 심장병이 있어서 인공심폐기를 달고 있는 사람이라든지 병원 중환자실에서 의료 기기에 의존하고 있는 환자들을 생각해 봐. 전기 공급은 정말 생명과 직결된 거라고. 그런 의미에서 햇볕과 바람으로만 만드는 전기는 너무 불안불안하지 않니?

이 한계를 극복하기 위해 꼭 필요한 게 바로 '에너지 저장 장치(Energy Storage System, ESS)'야. 말 그대로 생산된 전기를 나중에 필요할 때를 위해 저장해 놓는 장치를 말해. 화력 발전소나 수력, 원자력 발전소는 우리가 필요할 때 스위치를 켜듯 전력을 생산할 수 있어서 따로 저장 장치가 필요하지 않거든. 하지만 재생 에너지의 중요한 기둥인 태양광과 풍력은 반드시 에너지 저장 장치가 필요해. 그게 없다면 아무리 깨끗해도 태양광과 풍력을 통한 에너지 전환을 기대할 수 없을거야. 그뿐이게? ESS를 갖추었다 해도 햇살과 바람이 많은 지역에서 전력 수요가 많은 도시나 산업 중심지로 전기를 보내려면 송전망도 광범위하게 마련해야 유용하게 전력을 쓸 수 있어.

그런데 이 말은 즉 추가적인 돈이 든다는 소리야. 부지도 더 필요하고 말이야. 앞에서 재생 에너지의 전력 밀도가 낮아 부지가 많이 필요하다고 했었는데, 그 외에 또 더 필요하단 얘기야. 2021년, 한 연구가 발표됐는데 그 결과가 참 기가 막혔어. 한국에서 태양광 및 풍력 발전이 충분히 이루어지기 위해서는 에너지 저장 장치가 얼마나 필요한지 알아봤거든. 결론은 나라의 돈이란 돈은 죄다 긁어 모으고 땅이란 땅은 몽땅 사용해야 충분한 에너지 저장 장치를 구축할 수 있단 거야. 이거야말로 배보다 배꼽이 크지 않니? 이거 정말 계속 추진하는 게 맞는 걸까?

친환경이라더니, 파괴하고 있으면 어떡해

멀리서 빙글빙글 돌아가는 풍력 발전기, 참 평화로워 보이지? 이런 풍경은 거의 친환경의 상징처럼 자리잡았지. 그런데 이 날개 하나가 몇 미터라고 했는지 기억나니? 그래, 무려 100미터가 넘는다고 했어. 지름으로 따지자면 200미터가 넘는 셈이지. "준비, 시작!"하고 100미터 달리기 경주를 뛰어본 적 있다면, 그 거리가 얼마나 긴지 실감할 수 있을 거야. 이처럼 풍력 발전기는 거대한 기계라서, 가까이서 보면 무척이나 위협적이야. 워낙 거대하다 보니 주변에 거주하는 사람들에게는 '윙윙'거리는 소음의 문제도 만만치 않지.

근처에 살지 않는 우리야 뭐 멀찍이서 구경만 하면 된다지만, 대대손손 같은 하늘길을 이용해 날아다니던 새들에겐 풍력 발전기가 생각보다 큰 위협이야. 여느 때처럼 먹이를 구하러 날아다니는데, 느닷없이 거대한 칼날에 죽어버리는 경우가 속출하니 말이지. 실제로 미국 서부에서는 풍력 발전기에 희생당하는 새들의 개체 수가 걱정될 만큼 많다고 해. 기후 위기 해결이 문제지, 그깟 새 몇 마리 죽는다고 청정 에너지를 포기할 순 없다는 친구들도 분명 있겠지. 하지만 희생당하는 새들의 종류가 주로 독수리나 콘도르처럼 대형 조류란 점이 문제야. 이렇게 큰 새들은 작은 새들에 비해 자라는 속도도 더디고 성체가 되기까지 오래 걸려. 그러다 보니 중간에 풍력 발전기에 희생되는 새들이 많아지면 전체 개체 수에 타격을 쉽게 받는대. 독일에서는 새

풍력 발전기가 새들의 삶을 위협한다고?

뿐 아니라 곤충들의 수가 풍력 발전소 때문에 유의미하게 급감하고 있다는 연구 결과도 있어[5].

　단순히 새나 곤충들이 몇 종류 사라진다고 가볍게 생각할 문제가 아냐. 너희 '생물 다양성'이라는 말 들어본 적 있니? 에버랜

5) 생각만큼 새들이 희생되는 수가 많지 않다는 연구 결과도 있기는 하지만, 새들의 생태와 풍력 발전기의 상관 관계가 이슈가 되는 것은 사실이야.

드의 귀여운 판다 '바오 가족'도 한때 멸종 위기에 처했던 자이 언트 판다잖아. 다양한 생물 종이 어우러져 사는 것은 건강한 지구를 위해 필수적이야. 기후 위기가 심각해짐에 따라 점점 더 많은 동식물과 곤충 종들이 사라져 간다고 하는데, 이는 균형 잡힌 생태계에 의존하여 살아가는 우리 인간들에게도 치명적이야. 먹이 사슬은 얽히고 설켜있기 때문에, 우리가 별 신경 쓰지 않는 여느 벌레의 개체 수 감소도 결국 우리가 먹는 식량 생산에까지 영향을 미칠 수 있는 것이거든. 그래서 기후 변화 협약처럼 생물 다양성 분야에서도 국제 협약이 있어서 동식물의 서식지를 보호하고 기업에게 관련 규제를 부여하려는 노력이 진행되고 있어. 그 와중에 깨끗한 전기를 만들겠다며 새들의 삶을 힘들게 만들다니, 뭔가 앞뒤가 맞지 않는 것 같아.

이처럼 재생 에너지원이라는 샐러드는 온실 가스 방귀만 생산하지 않을 뿐, 생각처럼 친환경적이지만은 않아. 재생 에너지 1등이었던 수력 기억하지? 수력 발전을 위해 댐을 짓는 경우도 야생 동물의 서식지와 생태계를 파괴해서 문제야. 댐으로 물의 흐름을 인위적으로 막으면 물이 고여 썩는다든지 어류 종을 멸종 위기에 몰아넣기도 하는 등 문제가 발생하거든. 그래서 요즘은 이미 지었던 댐도 부수는 경우도 있어. 또, 아직 크게 이슈화

되지는 않고 있지만 태양광 패널이나 풍력 발전기의 폐기물 문제도 무시할 수 없지. 일단 짓고 나면 그 이후에 대해서는 잘 생각하지 않는데, 모든 소비재에는 사용 기한이라는 게 있잖아. 태양광 패널은 원자력 발전소에 비해 300배나 많은 폐기물을 만들어 내는 데다가, 납 등의 유독성 물질도 들어가 있대. 샐러드를 왕창 먹기 시작했는데 먹고 남은 찌끄러기나 포장지가 문제가 되는 것과 비슷한 상황이야. 나중에 재생 에너지 비중이 더 높아지면 분명 큰 문제가 되지 않겠니?

이런저런 문제에 대해 줄줄 늘어놓는 이유는 '재생 에너지 못 쓰겠다, 다이어트고 뭐고 다 때려치우자!'는 의미가 아니야. 다만 친환경적이면 무조건 좋으니 늘려야 한다는 주장이 얼마나 단순한지 보여주고 싶었어. 물론 재생 에너지 늘려야지. 화석연료 다이어트의 핵심이잖아. 하지만 말이 쉽지, 현실적으로는 얼마나 어려운 일인지 알겠니? 게다가 문제는 여기서 끝이 아니야. 재생 에너지로 열심히 전력을 생산한다 한들, 이를 소비자에게 전달해 주는 건 또 다른 얘기거든. 이제부터는 그 얘기를 한번 해 볼게.

님비(NIMBY)는 아는데
바나나(BANANA)는 뭐지

아까부터 자꾸 과학 시간 얘기를 했는데, 지금은 미안하지만 사회 시간 얘기를 좀 할게. '님비 현상'이란 것, 사회 시간에 배운 적 있지? 냄비가 아니라 님비, 즉 "Not In My Back Yard (우리 집 뒤뜰엔 안 돼)"의 준말이야. 하수처리장이나 쓰레기 소각장 등, 우리 사회를 위해서 꼭 필요하지만 호감은 가지 않는(?) 시설이 자신이 사는 동네에 들어오는 것을 거부하는 현상을 말해. 쉽게 말해 지역 이기주의지. 그 시설을 눈앞에 보고 싶진 않지만, 혜택은 누리고 싶다는 것이니까.

그런데, 이와 비슷한 맥락으로 '바나나 현상'도 있는 것 아니? 바나나는 BANANA, 즉 Build Absolutely Nothing Anywhere Near Anyone (우리 동네 사람 근처에는 그 무엇도 절대로 짓지 말아라)라는 뜻이야. 님비에서 한 걸음 더 나아가 '절대 절대 무조건 노노'라는 뜻이지. 님비와 바나나가 기후 위기의 시대에 다시 한 번 주목받고 있는데, 이제까지 알아본 재생 에너지 인프라 때문이야. 먼발치에서 보았을 땐

Build
Absolutely
Nothing
Anywhere
Near
Anything

바나나가 뭐길래

꽤나 멋져 보였지만, 막상 우리 집 근처에 대규모 풍력 단지나 태양광 발전소가 세워진다고 하면 달갑지 않을걸? 아니면 탄소 배출량은 전혀 없지만 대중의 외면을 받는 원자력 발전소는 또 어떻고? 당장 피켓 들고 시위라도 할 사람들이 많을 거야.

차라리 저 먼 바다에 해상 풍력 발전소를 설치하면 주민들의 반대에 부딪칠 일이 없을 것 같은데, 그렇지도 않아. 미국 정부는 동쪽 바다에 대규모 해상 풍력 발전소를 지으려고 했는데, 지역의 반발이 거셌다더라. 관광업이나 어업으로 먹고 사는 지역인데, 풍광을 망치거나 어선을 망가뜨릴까 걱정된다는 거야. 해양 생태계가 파괴되는 등 어장에도 피해가 갈 수 있으니, 생계가 달려 있는 문제잖아. 저절로 '바나나'를 외치게 되는 거지.

그렇다고 주민들이 재생 에너지 사용에 무조건 반대하는 건 아니야. 기후 위기에 대해 걱정하는 사람들도 많고, 재생 에너지 시설이 확대되어야 하는 데에는 기본적으로 찬성하는 사람들이 많거든. 다만 우리 동네 대신 '저 멀리 어딘가'에 지으면 안 되냐는 거야. 자기가 사는 곳을 보호하려는 것이 인간의 본능이다 보니, 님비나 바나나 현상은 사실 자연스러운 것일지도 몰라. 하지만 기후 변화는 시간과의 싸움이기 때문에, 이런저런 사정을 다 봐줄 여유가 없는 것도 사실이야. 재생 에너지는 빠른 속도로 늘어나고 있지만, 그렇다고 화석 연료 이용이 줄어들고 있는 건 아니거든. 에너지 소비 자체가 너무도 늘어나고 있으니까 말이야. 지금보다 더 빠른 속도로 재생 에너지가 늘어야만 화석 연료 사용을 줄일 수 있어.

님비와 바나나를 넘어, 타협과 희생이 필요한 시점이야. '지역' 이기주의를 조금 확장해서 인류와 '지구' 전체를 생각해야 할 거야. 각자의 사정을 다 봐주지 못하고 시간에 쫓기는 우리의 처지가 안타까울 뿐이야.

" 토론거리

여러분이 사는 곳 주변에 혐오시설이 있나요? 있다면 그 시설이 들어올 때 지역 여론이 어땠는지 당시의 뉴스를 검색해 봅시다.

2

구슬이 서 말이라도 꿰어야 보배

구슬만 만들면 뭐 하나

어린 여자 아이들이 특히 좋아하는 놀잇감 중 비즈 팔찌 만드는 거 있던데, 너희도 알지? 알록달록 구슬을 끼워 엄마에게 선물하기도 하고 말야. 그런데 이 비즈 팔찌 끈이라도 끊어지면 그날은 아주 난리가 나더라. 온 바닥이 비즈투성이가 되니까. 이처럼 끈이 없는 비즈는 보기엔 예뻐도 실용성은 없어. 우리나라에 '구슬이 서 말이라도 꿰어야 보배다'라는 속담이 있지. 아무리 좋은 것이라도 사용하지 않으면 아무런 소용이 없다는 뜻이야. 그리고 이 속담은 지금까지 알아본 재생 에너지원에도 똑같이 적용된다? 태양이나 바람 같은 자연의 힘을 이용하면 깨끗한 전기를 만들 수 있으니, 이건 참 고마운 보배 같은 존재야. 하지만 정작 이 깨끗한 전기를 쓰지 못하면? 재생 에너지 설비를 마련한 모든 비용과 수고가 수포로 돌아갈 거야.

왜 쓰지 못하냐고? 전기를 생산하는 곳은 저기 저 멀리 있는 발전소지만, 사용하는 건 바로 여기 우리 집이기 때문이야. 다이어트를 하려고 샐러드를 잔뜩 온라인으로 주문했다고 하더라도, 나한테 배달되지 않으면 먹을 수가 없는 거잖아. 전기에 날개가 달려 우리 집까지 바로 와 주면 참 좋겠지만, 현재로서는 송전망이랑 배전망을 통해 각 가정으로, 사무실로, 가게로 들어오거든. 물론 화력 발전소에서 발전을 해도 송배전선을 거쳐서 오는 건 똑같아. 하지만 전력망의 문제는 지금보다 간단했어. 전기를 언제, 얼마만큼 만들지 어느 정도 예측하고 계획하는 것이 가능했거든. 거대한 발전소에서 잔뜩 전기를 생산한 뒤, 전국 방방곡곡에 촘촘하게 퍼진 전력망에 전력을 공급하면 되는 것이었지.

그리고 우리나라는 에너지 집약적인 산업이 경제를 견인하여 왔기 때문에, 엄청난 돈을 투자해서 안정적인 전력망 인프라를 구축하고 제어, 유지해 왔어. 너희도 한국전력 잘 알지? 부모님이 관리비나 전기세를 내실 때 슬쩍 훔쳐보면 어느 집이든 아마 한전 로고를 고지서에서 볼 수 있을 거야. 다른 나라들은 전력 시장이 민영화되어 있는 경우가 많은데, 한전은 중앙집중적인 기관이야. 그게 무슨 말이냐고? 전력 시장 자체를 통제할 권한이 크단 소리야. 실제로 한전은 전력 시장의 구조를 산업체에 유리하도록 통제하기도 하고, 전력 가격도 임의대로 낮게 설정해 왔어. 물론 이게 무조건 나쁘단 건 아니야. 덕분에 한국 국민들은 전기세 부담에서 비교적 자유로웠고, 산업체들도 에너지를 마음껏 이용하며 경제 발전을 도왔으니까.

하지만 재생 에너지 발전량이 늘어나자 모든 것이 바뀌어 버렸어. 재생 에너지 비중이 늘어나는 건 참 좋은 일인데, 전력 생산량 예측하는 게 어려워졌거든. 태양이나 바람은 기존 방식에 비해 정확한 공급량을 예측하기가 힘들어. 어떤 날은 해가 쨍쨍할 줄 알았는데 생각보다 구름이 많이 껴서 발전량이 적고, 또 다른 날은 바람이 예상보다 너무 세서 전기가 엄청 생산되기도 해. 발전량 자체가 시시각각 급변하다 보니 통제가 어려워. 공급량이 적으면 몰라도, 많으면 좋은 것 아니냐고? 신기하게도 과도하더라도 문제가 돼. 전력 시스템은 주파수와 전압이 일정하게 유지되어야 하는데 발전량이 들쭉날쭉하면 이를 유지할 수

송전선을 통해 멀리 멀리 보내자

가 없거든. 심하면 대규모 정전이 나기도 한다니, 그런 사태는
어떻게든 막아야겠지?

　구슬이 서 말이라도 꿰어야 보배라고 했는데. 이처럼 태양광
과 풍력은 예쁜 구슬을 만들어주기는 해도, 끈에 꿰는 것은 우
리의 몫이지. 태양광의 경우 계절마다 차이가 정말 큰데, 독일의
경우 몇 년 전 12월보다 6월에 재생 에너지 생산량이 무려 10배
나 되었대. 생산량이 너무 많아지자 당황한 독일은 체코 등 주변

국으로 부랴부랴 송전했는데, 욕만 실컷 먹었다고 하더라고. 줄에 꿰지도 않은 구슬을 갑자기 냅다 집어 던졌다고 생각해 봐. 욕 먹을 만 하지? 이처럼 재생 에너지는 공급이 과도해도 문제라, 일부러 소비를 늘리거나 발전기를 멈추는 등 균형을 유지하는 조치를 취해야 한다고 해. 그래서 독일은 오랫동안 공들여 재생 에너지 설비를 왕창 늘렸지만, 아직도 절반 가까이의 발전량은 화석 연료에서 조달하고 있는 실정이지. 산 넘어 산, 재생 에너지는 왜 이리 복잡한 걸까?

스마트하게, 마이크로하게

그래도 재생 에너지 발전을 포기할 순 없어. 어떻게 하면 곱게 만든 구슬을 끈에 꿸 수 있을지 똑똑한 사람들이 열심히 고민하고 있어. 무엇보다 전력 시스템 자체가 재생 에너지 발전에 맞게 변해야 하겠지. 시대가 변했는데 예전의 구닥다리 삶의 방식을 고수할 순 없는 것이니까. TV도 휴대폰도 스마트해진 요즘, 전력망도 스마트해져야 해. 이런 스마트한 전력망을 '스마트그리드'라고 불러. 잘 발달한 통신 기술을 적용한 효율적인 전력망을 일컫는 개념이야.

구닥다리라고 하니, 갑자기 옛날 생각이 나네. 너희는 아마 모를 거야. 인터넷 뉴스가 보편화되지 않았던 시절에는 집집마다 종이 신문을 배달시켜 읽었거든. 중간쯤 보면 '오늘의 TV 편성표'라는 게 있었어. 그게 뭐냐면 그날 각 방송국에서 방영되는 스케줄표를 시간대별로 정리해놓은 표였어. 방송국이 많지도 않았어. 한 손으로 다 셀 수 있을 정도였거든. 왜 TV 보는데 편성표씩이나 필요했냐면, 그 때는 내가 보고 싶은 프로그램을 골라서 스트리밍하는 것이 아니라, 방송국에서 정해진 시간에 프로그램을 송출하고 시청자들은 그 시간에 맞춰 TV를 켜야지만 볼 수 있었어. 그래서 그 때 덕질하는 건 쉬운 일이 아니었어. 딴 짓하다 시계를 못 보기라도 하면 오빠들이 나오는 방송을 놓치기 십상이었으니까. 원하는 프로그램을 언제든 골라 시청할 수 있을 뿐 아니라, 스스로 콘텐츠를 만들어 뿌릴 수도 있는 요즘들으면 정말 믿기 어려운 이야기일거야. 유튜브며 틱톡, 팟캐스트 등 플랫폼도 정말 다양하잖아.

전력 시스템도 마찬가지야. 예전에는 TV를 틀면 나오는 방송을 무조건 봐야 했던 것처럼, 각 지역의 발전소에서 전기를 만들어 소비자의 집까지 송배전을 해 줬어. 중앙집중적인 시스템이었던 것이지. 그런데 요즘은 어떨까? 재생 에너지를 많이 쓰

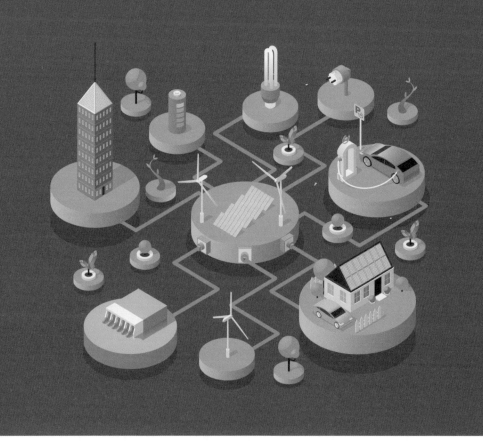

분산적인 마이크로그리드

면서 전력 생산이 이곳저곳에서 이루어지기 시작했어. 예전엔 콘센트를 통해서만 받을 수 있었던 전기가, 이제 우리 집 지붕에 달린 태양광 패널에서도 만들어지기 시작했으니까. 마치 직접 만든 동영상을 유튜브에 업로드해서 누구나 콘텐츠 생산자가 될 수 있는 것처럼 말이야. 그렇다 보니 작은 단위의 공동체에서 전기를 각자 만들어서 각자 쓰는 모양새가 나타나기 시작했어. 에너지의 자급자족이랄까? 중앙집중적 시스템과 달리 각 꼭지에서 다 컨트롤이 가능한 이런 시스템을 마이크로그리드라고 불러. 마이크로는 작다는 뜻이니까, 사방에서 작게 전력망이 구축되어 있다는 소리지. 예전 같으면 중앙에서 전기가 끊기면 꼼짝없이 정전이었을 텐데, 마이크로그리드가 구축되어 있으면 정전에서도 자유로울 수 있어. 이곳저곳 분산되어 있는 재생 에너지원을 사용하기에도 딱 알맞지.

이처럼 전력 시장은 빠르게 변화하고 있고, 재생 에너지 사용이 더 늘어나려면 전력 인프라 역시 그에 맞춰 진화해야 할 거야. 한국에서도 이리저리 분산된 전력망에 대응하기 위해 최근 관련법도 만들어졌으니, 앞으로 어떻게 변할지 지켜봐야겠지. 아직은 완전한 스마트그리드나 마이크로그리드가 희망 사항일 뿐이지만, 화석 연료 다이어트를 하려면 이런 방향으로 꼭 발전이 이루어져야 해. 숙제가 또 늘어났네?

재생 에너지, 만병통치약이 아니었구나

기후 위기가 턱 밑까지 찾아온 요즘, 무조건 재생 에너지 발전량을 늘이기만 하면 모든 문제가 해결되리라 믿는 사람들이 많아. 모든 건물 지붕마다 태양광 패널을 붙이고, 바닷가 마을마다 풍력 발전소를 만들면 기후 변화를 막을 수 있을 것이라고 말야. 물론 아주 틀린 말은 아냐. 청정 에너지 없이 기후 위기 해결은 없으니까. 다이어터의 식단에 샐러드 비중이 높은 것처럼, 우리의 에너지 미래에 재생 에너지는 중요한 위치를 차지할 거야. 하지만 샐러드를 구하기가 너무 어렵다거나, 간신히 주문하더라도 제대로 배달되지 못하면 다이어트에는 차질이 생길 수밖에 없어. 현재로서 재생 에너지는 간헐성과 낮은 발전량, 높은 비용 등 걸림돌이 많아. 샐러드만 많이 먹으면 될 줄 알았는데, 그게 아니지?

아, 이럴 때 다이어트고 뭐고 다 때려치고 싶다는 유혹이 들어. 구하기도 어렵고 비싼 샐러드를 먹느니, 고기처럼 힘이 팍팍 나면서도 방귀가 나오지 않는 제3의 음식은 없을까? 마법의 다이어트 약 같은 것 말이야. 화석 연료처럼 대규모로 안정적인 전력 생산이 가능하면서도 온실 가스를 배출하지 않는 방안이 있다면 참 좋을 텐데….

응, 사실 대안이 있기는 해. 그게 바로 다음 장에서 얘기할 '원자력 발전'이야.

" 토론거리

여러분은 여기서 배운 여러 재생 에너지원 중 어떤 것이 가장 좋은 대안이라고 생각하나요? 그 이유는 무엇인가요?

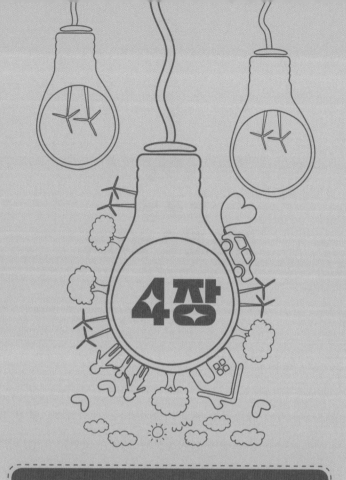

4장

다이어트의 치트키, 원자력 발전

1

뽀로롱,
마법 같은 원자력

원자의 힘을 이용하다

바닷가에 가서 양동이에 모래를 퍼 왔다고 생각해 봐. 몇 번 퍼서 군고구마통 같은 곳에 집어넣으니 모래는 없어지고 펑! 하며 한국 사람들이 1년 동안 쓸 전력이 흘러나온다면 어떨까?[6] 게다가 온실 가스를 포함한 아무런 공해 물질도 배출되지 않는다면? 당연히 이 마법의 기계를 너도나도 사용하려 들 거야. 운동도 식단 조절도 없이 살이 쪽쪽 빠지는 치트키나 다름없으니 말이야.

---

6) 이승무, <핵에너지가 경제를 떠받치는가, 그 반대인가>, 바람과 물 2023년 9월호

뜨거운 감자, 원자력 발전소

마법과 같은 이 기계가 바로 원자력 발전에 대한 비유야. 아
까 지열 발전으로 전기 만드는 얘기할 때 물을 끓여서 터빈을 돌
리는 과정이 필요하다고 그랬었지? 이제까지는 주로 석탄을 태
워서 증기를 만들었고 말이야. 그리고 전혀 다른 방법도 있는데,
바로 '원자'의 힘을 이용하는 거야. 물 끓이려고 정말 별짓을 다
하지?

너희도 잘 알겠지만 원자는 너무 작아서 눈에 보이지 않지만 지구 상 그 무엇보다도 강력한 힘을 가지고 있어. 우리가 흔히 말하는 원자력 발전은 보통 '핵 분열' 에너지를 사용하는 거야. 서로 쫀득하게 달라붙어 있는 원자가 붕괴하며 배출되는 에너지로 물을 끓이고, 그 때 생성되는 증기로 터빈을 돌리는 거지. 고작 1kg의 물질량에 무려 250억kWh의 에너지가 대응하는, 실로 어마어마한 양이란다. 1kWh로 가정용 냉장고를 10시간, TV를 7시간 정도 가동할 수 있다고 하니 얼마나 많은 양의 에너지인지 약간은 감이 잡히지? 실제로 루빅 큐브만한 조그만 양의 핵 연료로 한 사람이 평생 쓰는 전력을 모두 생산할 수 있다고 해. 이렇게 얘기하면 꼭 공상 과학 소설에나 나올 법한 이야기 같지만, 인류는 이미 한참 전부터 핵 에너지를 이용해 왔어.

핵 에너지와의 만남은 다정한 기억은 아니야. 1940년대 핵 무기의 개발과 사용으로 시작되었으니까. 제2차 세계대전 당시 일본 히로시마에 떨어진 핵 폭탄은 '리틀 보이'라는 별명을 갖고 있었는데, 그 위력은 결코 '리틀'하지 않았어. 세계를 뒤흔들던 전쟁을 한 방에 끝장내버렸으니까. 아까 1kg에 250억kWh라고 설명했잖아. 그런데 리틀 보이는 무려 4.5톤이었다고 하니, 얼마나 엄청난 피해를 입혔겠어? 폭심지로부터 반경 500m 이내

핵 에너지를 이용한 핵 폭탄

의 모든 생명체가 현장에서 즉사했는데, 폭탄의 파편 때문이 아니라 단순히 에너지의 힘으로만 그렇게 죽을 거라고 해. 후유증으로 인해 천천히 죽어간 수많은 생명들은 논외로 해도 말이야.

전쟁이 끝난 뒤, 핵 폭탄의 위험성을 실감한 세계는 하나의 약속을 했어. 앞으로는 핵 에너지를 평화로운 목적을 위해서만 쓰자고 말야. 핵 폭탄처럼 대량살상무기로 사용할 것이 아니라, 전력 생산 등 좋은 목적을 위해서 쓰기로 약속한 거야. 그런 논리로 원자력 발전은 하나의 중요한 에너지원으로 세계 무대에 등장하게 돼.

의외로 깨끗하고, 의외로 안정적이네?

'리틀 보이'의 악명 탓에 원자력 발전은 썩 이미지가 좋지만은 않아. 너희 이런 표현 많이 쓰잖아. '핵 노잼'이라느니 '핵 망'이라느니 그런 표현 말야. 그런 걸 보면 사회적 인식이 아직 부정적인 걸 알 수 있어. 하지만 지난 정권에서 탈원전을 주요 공약으로 내세워서 대중의 공감을 받았음에도 불구하고, 한국의 원자력 발전 비중은 여전히 전체의 30퍼센트에 달할 만큼 크단다. 왜 그럴까?

내가 하는 다이어트와 관련지어 보면 최장점은 온실 가스를 배출하지 않는다는 거야. 기후에 위협을 주지 않는다고. 한국의 온실 가스 배출량은 세계 10위 안에 들거든. 생각보다 높지? 그런데 원자력 발전 비율이 이만큼 높지 않았다면 훨씬 더 높은 자리를 차지했을 거야. 그나마 원자력이 차지하는 비중에서만큼은 온실 가스가 배출되지 않으니 말이야. 발전소를 짓고 원료를 채출하는 '생애주기' 과정을 전부 다 고려하면 온실 가스 배출량이 아예 '0'인 건 아냐. 하지만 석탄과 비교하면 99분의 1밖에 되지 않으니 아주 적은 편이야. 온실 가스뿐만 아니라, 석탄 화력 발전소에 비해 오염 물질 배출도 아주 적어서 발전소 대기 오염으로 인한 사망자 수를 대폭으로 감소시켰다는 통계도 있다고 해.

뿐만 아니라 날씨에 영향을 크게 받는 태양광이나 풍력 발전과는 달리, 원료만 있으면 언제든 풍부한 전력을 생산할 수 있다는 장점도 있어. 재생 에너지라는 샐러드는 언제 얼마나 먹을 수 있을지 예측하기가 어렵다고 말했었잖아. 이에 반해 원자력은 많은 양의 전력을 안정적으로 공급할 수 있어. 핵 원자로는 효율도 매우 높아서, 90~95퍼센트의 효율로 전력을 생산할 수 있어. 풍력 발전기의 경우 효율이 높아봤자 45퍼센트, 태양전지는 25퍼센트(독일처럼 햇빛이 강하지 않는 곳에서는 훨씬 더 낮다고 해.)에 불과한 것과 비교해 보면 얼마나 효율적인지 확 와 닿지? 그래서 원전 축소 논의를 했던 많은 국가들에서는 아직 원전을 살려 두고 있어. 아직은 완전히 폐쇄하기엔 대안이 부족하다는 거야. 실제로 많은 에너지 전문가들은 원자력 발전이야말로 기후 위기를 타개하는 열쇠가 된다고 말하기도 하고. 탈원전을 할 때가 결코 아니라는 거야. 원자력 발전, 생각보다 그럴 듯하지 않니?

2

무섭게 왜 이래,
'핵'이라잖아

악, 오염수 방류라고?

식단 변경 없이도 방귀를 뀌지 않는 마법의 다이어트 약인 줄 알았는데, 여기 약간 반전이 있어. 운 나쁘면 그걸 먹다가 죽을 수도 있단 거야. 너무 극단적인 부작용이지? 이런 다이어트 약이 있다면 너희는 먹을 것 같니? 아마 먹지 않겠다는 친구들이 더 많을 것 같아. 원자력도 마찬가지야. 장점이 많은 건 분명한 사실이지만, 만일 코앞에서 원전 사고를 지켜본다고 해도 계속 원자력을 이용하자고 말할 수 있을까?

최근 이웃나라 일본에서 후쿠시마 방사성 오염수를 태평양

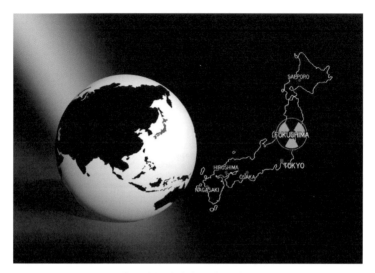

후쿠시마 사태와 오염수 방류

바다에 방류하기로 해서 한국에서도 난리가 났었지. 너희도 잘 알다시피 일본은 '불의 고리'에 위치한 지진 위험국이야. 그래서 지진 피해를 자주 입곤 하지. 지난 2011년, 유달리 엄청난 규모의 쓰나미와 지진이 찾아왔어. 그런데 문제는 피해 지역에 하필 원자력 발전소가 있었다는 거야. 후쿠시마 원전의 냉각 시스템이 파괴되고 원자로 노심이 과열되어, 시설 내 용수가 방사성 물질로 오염이 되어 버렸어. 어쩔 수 없이 연료봉을 식히기 위해 냉각수를 투입하는데, 깨끗한 물을 투입하더라도 이미 오염된 원전에 물을 부으니 오염수가 계속해서 발생할 수밖에 없었어.

오염된 물의 양은 생각보다 엄청났어. 1,000여 개의 물탱크에 저장된 오염수로 올림픽 수영장을 500개도 넘게 채울 수 있다고 하니 말야[7]. 하지만 언제까지나 그렇게 둘 수는 없지 않겠어? 일본 정부는 국제 사회의 반대를 무릅쓰고 오염수를 바다로 방류하겠다고 결정했어. 이미 원전은 사용할 수 없게 되어 버렸고, 안전하게 해체하려면 물탱크가 차지하고 있는 부지가 필요하단 거야. 결국 2023년 8월, 방류가 시작되었지. 한 번에 왕창 쏟아버리는 건 아니라서, 전체 방류를 하려면 최소한 30년이 걸린대. 물론 오염된 그대로 방류하는 건 아니고, 처리 과정을 거치고 희석시켜 오염 물질을 최소화하겠다고 발표했어. 하지만 사람들의 마음은 여간 찝찝한 게 아냐. 특히 바로 옆 나라에 사는 한국은 더 그렇지. 전문가들은 인체에 위험할 정도는 아니라고 하지만, 진짜 그럴까? 좀 더 장기적으로 봐야 하는 건 아닐까? 오염수가 방류된 바로 그 바다에서 물고기도 잡아먹고 해수욕도 해야 하는데…. 불안을 호소하는 많은 시민들이 소금이나 냉동 생선을 방류 시작 전에 사재기하는 현상까지 생겨났어.

---

7) BBC 뉴스 코리아, <후쿠시마 오염수 방류 얼마나 안전할까?> 2023.8.25.

'핵망'일까, 아닐까

이처럼 원자력 발전의 가장 큰 문제점은 안전성이야. 100퍼센트 안전하게 아무 문제 없이 돌아간다면야 반대하는 목소리가 이렇게 크진 않겠지. 원자력 발전은 사고가 일어났을 때의 피해가 다른 발전 시설과는 비교도 안 되게 크기 때문에 문제가 되는 거야. 게다가 '방사능'이라는 단어가 주는 공포감은 다른 사고와는 차원이 다르지.

핵이라면 폭탄이든 발전이든 가리지 않고 모두 반대하는 '반핵 운동'에 대해 들어 봤니? 시민 단체나 환경 단체들이 많이 밀고 있는 기조이기도 하지. 이들의 논리는 '핵 폭탄과 원자력 발전의 뿌리가 동일하다'는 문제 의식에서 출발해. SF 고전 〈스타 워즈〉에서 다스 베이더가 루크에게 '아임 유어 파더(I'm your father. 내가 네 애비다)'라고 하는 장면이 유명하지. 아무리 본인이 선한 사람이더라도 나중에 알고보니 부모가 희대의 악당이라면 삶이 편치만은 않을 거야. 자기 마음 속에도 사악한 씨앗이 심어져 있지는 않을까 평생 괴롭겠지. 그처럼 원자력 발전도 사고 없이 잘 이용한다면 편리한 존재가 될 수 있지만, 핵 폭탄이 나타나서 '사실은 내가 네 애비다'라고 하면 존재 자체를 고민할

111

원자력이라면 No!

수밖에 없는 거야. 언제든 대재앙을 가져올 잠재력이 있으니까.

이에 반해 핵 이용에 찬성하는 전문가들은 심리적인 공포감이 핵 에너지의 장점을 가려서는 안 된다고 주장해. 왜 그런 사람들 있잖아. 자동차 사고가 비행기 사고보다 발생할 확률이 훨씬 큰데도 불구하고 비행기만큼은 절대 타지 않는 사람들 말이야. 아마도 비행기 사고의 경우 사망 확률이 워낙 높으니 그걸 생각하면 공포에 질리는 것이겠지. 원자력 발전도 이와 다르지 않다고 보는거야.

너희는 어떻게 생각하니? 효과는 끝내주는데 만에 하나 위험할 수도 있는 이 다이어트 약을 먹는 게 좋을까?

비용은 어쩌고, 폐기물은 어쩔 건데?

그래, 눈 딱 감고 먹겠다고 결정했다고 치자. 하지만 사고의 위험성 말고도 현실적으로 고려할 게 또 있어. 모두를 설득해서 간신히 원자력 발전소를 짓기로 결정했다고 해도, 이게 끝이 아냐. 아니, 오히려 지금부터 시작이지. 한국이야 이미 원자력 발전의 역사가 오래되어 당연한 듯 사용하고 있지만, 많은 국가들에서 원전은 그림의 떡이야. 왜냐고?

원전 건설은 건물 짓는 것과는 차원이 다른 규모의 공사이기 때문이야. 건설 기간이 더 길고 돈도 엄청나게 많이 드는 사업이거든. 최근에 폴란드에서 수백억 달러에 달하는 원전 계획안을 발표했어. 그런데 계획은 이미 몇 년 전에 발표되었는데 2033년은 되어야 실제로 운영이 가능하다는 거야. 아주 장기적인 투자인 셈이지. 한국도 원전 강국인 거 알지? 원전 수출을 할 때, 보통 60년 정도 앞서 보고 프로젝트를 진행한대. 건설하는 데만 10년까지도 걸리고, 그 이후 수십 년 운영되니 말야. 그러니 얼마나 장기간의 프로젝트인지 짐작할 수 있지. 게다가 또 돈은 어마무지하게 들어. 몇 년 전에는 영국에서 200만 파운드짜리 원전 프로젝트가 돈 때문에 무산됐어. 비용이 자꾸 불어나는 바람에 참여하기로 했던 일본 히타치 사가 발을 뺐기 때문이래. 그러다보니 저개발국에서 원전 개발은 생각하기 힘든 옵션이지.

그래도 비용 문제는 어느 정도는 극복할 수 있어. 한국과 중국은 국제 무대에서 원전 수주를 두고 라이벌인데, 미국에 비해 6분의 1의 비용으로도 원전을 건설할 수 있다고 해. 아무렇게나 지어서가 아니라, 원전을 지어본 경험이 쌓여 표준화와 반복을 통해 비용 절감이 가능하기 때문이래. 짓는 발전소마다 다르게 짓는 대신, 공장에서 찍어내듯 표준적으로 건설하면 비용은 많이 줄일 수 있거든. 그래서 앞서 말한 폴란드뿐만 아니고, 체코나 루마니아 등에서 논의되고 있는 원전 프로젝트에서 한국 회사들이 물망에 오르고 있지. 게다가 건설 비용 자체는 무척 높지만 일단 짓고 나면 발전 단가는 아주 적기 때문에, 비용 면에서 무조건 불리하다고 볼 수만은 없어.

이보다 더 큰 문제는 폐기물이야. 방귀가 안 나올 뿐이지, 아주 유독한 음식물 쓰레기를 남긴다고. 원전 폐기물은 방사능 수

국가적 골칫거리인 핵폐기물 문제

위에 따라 저준위, 중준위, 고준위 폐기물로 나눌 수 있어. 여기서 특히 방사능 수위가 높은 '고준위' 폐기물을 어떻게 처리할지는 국가적인 골칫거리야. 대부분은 원전에서 나오는 잡동사니나 쓰레기 등 저준위 폐기물인데, 자연 방사능에 비견될 만큼 수치도 낮고 위험도도 낮다고 해. 그러나 차폐복이나 원자로 부품 등의 중준위 폐기물부터는 위험하다고 간주하지. 사용하고 남은 핵연료는 고준위 폐기물로, 가장 위험해. 게다가 아주아주 오랜 시간이 지나도 여전히 위험해. 무려 수만 년 동안이나 인체에 유해하다고 하는데, 이걸 대체 어디다 버리냔 말이야.

그러면 현재 원전 사용국들은 대체 어떻게 하고 있냐고? 이곳저곳에 나누어 묻어 버린다든지, 재처리를 하여 사용하는 등의 방식으로 폐기물을 처리하고 있어. 한국의 경우 일단 폐기물을 쌓아둔 뒤, 처리 문제를 뒤로 미루고 있어. 그러나 이제 몇 년 안에 저장 시설이 포화 상태로 이를 거래. 땅에 묻든 바다에 묻든 결정을 내려야 할 때가 다가오고 있는 거야. 아직 부지 선정도 못 했다는데, 대체 어떻게 되려나 걱정이야.

미국은 예전에 핵 실험 또는 원전에서 나온 폐기물을 그린란드와 스페인, 태평양의 마셜 제도 등에 묻었다고 해. 추운 곳도 있고, 더운 곳도 있지. 그런데 요즘 추운 곳은 추운 곳대로, 더운 곳은 더운 곳대로 위험해지고 있어. 그린란드처럼 추운 곳은 기후 변화 때문에 빙하가 녹으며 핵 폐기물이 노출될 확률이 높아지고 있어. 최근의 보고서에 따르면 현재 온난화 속도에 비추어 봤을 때 2100년이면 노출될 것 같다고 해. 녹을 빙하가 애초에 없는 태평양 섬도 위험하긴 마찬가지야. 빙하는 없지만 극지방 빙하가 녹으며 해수면이 상승하고 있잖아. 예전에는 땅이었던 곳이 바닷속으로 잠기게 되니, 묻어두었던 폐기물이 노출되면 넓은 반경을 오염시킬 수도 있게 되었어. 이처럼 기후 변화가 가져온 환경의 변화는 폐기물 처리에 더 큰 위협이 되고 있어.

휴, 나 이거 먹어도 되는 거 맞니? 그나마 다행인 점은 원전 폐기물이 그나마 부피가 작다는 점이야. 한 사람이 1년 간 사용하는 전기를 원자력으로 조달한다고 가정했을 때, 고준위 폐기물은 5그램에 불과하다고 하니까 말이야.(출처: World Nuclear Association) 5그램이면 종이 한 장의 무게 정도 된대. 게다가 최근엔 폐기물을 통째로 녹여 부피를 훨씬 줄일 수 있는 기술도 국내에서 개발되었대. 전보다도 부피를 많이 줄일 수 있게 된 것이지. 사실 석탄 발전 폐기물도 유독한 비소나 수은을 방출해서 꼭 원전 폐기물만 유해한 것도 아니야. 물론 방사능 문제를 무시할 수는 없지만 말이야.

이처럼 원자력 발전은 기후 위기를 타개할 치트키처럼 보이기도 하고, 한편으로는 궁극적으로 반드시 줄여야만 한 위험천만한 골칫덩이 같기도 해. 한국처럼 에너지를 전량 수입에 의존하고 재생 에너지 인프라도 부족한 상황에서 "무조건 탈원전!"을 외치는 것은 무책임해 보여. 그렇다고 "일단은 원전 쓰고, 나중 일은 나중에 생각합시다"라고 하기에는 딸려 오는 위험성과 비용 문제가 어마어마하지. 사고가 발생하거나 테러의 표적이 되면 어떡해? 폐기물이 제대로 처리되지 못하면 어떡하고? 이처럼 에너지 이슈 중 가장 첨예하게 의견이 갈리고 어려운 문제는 원자력 아닌가 싶어. 그래서인지 여전히 2020년 기준으로 세계 발전량의 10퍼센트만이 원자력이 담당하고 있어. 원자력보다는 화석 연료 손을 들어주는 국가들이 많다는 거지. 내 식단에 원자력을 포함시켜야 할까, 제외해야 할까? 나는 정말 모르겠어.

역사에 남은 무시무시한 핵 사고들

아까 히로시마에서 피어난 무시무시한 버섯 구름, '리틀 보이' 핵 폭탄에 대해 얘기했었지. 그런데 어떤 장소에서 이 히로시마 원폭의 400배(!)에 달하는 방사능 수치가 검출되었다면 어떤 생각이 들 것 같니? 아마 그 곳은 물론, 근처에도 절대로 가고 싶지 않을 거야. 그런데 지구 상 실제로 그런 곳이 있어. 바로 구 소련의 영토인 '체르노빌'이라는 곳이야. 1986년, 이 곳 체르노빌에서는 인류의 핵 역사상 가장 끔찍한 원전 사고가 발생했어. 원전이 폭발하며 엄청난 양의 방사능 물질이 유출되는 사건이었지. 이로 인하여 즉각적으로 목숨을 잃은 사람이 수천 명, 그 후로 암 등 관련 질병으로 죽음을 맞은 사람들이 수백만 명에 달하는 것으로 추정될 만큼 끔찍한 사고였어.

방사선은 눈에 보이지 않기 때문에 사실 그 위력이 얼마나 큰지 잘 모르는 사람들도 있어. 하지만 우리의 육안으로 보지 못할 뿐, 방사성 물질은 가장 끔찍한 폭탄이나 지뢰와 다를 바가 없단다. 사건이 발생한

폐허가 된 체르노빌의 버려진 중학교

당시 발전소에서 일하던 여러 직원들의 사진이 아직 남아 있는데, 겁이 많은 친구라면 절대로 찾아보지 말기를! 방사선에 과도하게 노출되어 피부가 전부 괴사했고, 얇은 껍질이 계속 벗겨져 나왔다고 하니까 말이야. 몸 곳곳의 혈관도 터져 나가 금방 사망에 이르렀다고 하더라고. 방사선은 우리 몸의 DNA에 직접적으로 영향을 미치기 때문에 이처럼 급성으로 나타나는 끔찍한 영향은 물론이고, 암이나 백내장 등의 만성적인 질병, 그리고 대물림되어 나타나는 유전병 등 광범위한 문제가 나타나게 돼. 인간만 피해를 보는 것이 아니라서, 체르노빌 지역을 연구한 과학자들에 따르면 그곳의 새들은 정상적인 새들보다 뇌가 상당히 작고, 나무들도 더디게 자라고 있다고 해. 사고가 발생한지 40년이 되어 가는데도 그 공포는 사라지지 않았지.

체르노빌 사태에 대해서는 드라마나 다큐멘터리를 통해 미디어에서도 자세히 다루고 있어. 참사가 일어난 배경부터 원인, 수습 과정까지 잘 알려져 있지. 사실 이 사고는 불가피했다기보다 여러 가지 미숙함과 실수, 당시 소련 정부의 은폐 등이 겹치고 겹쳐 생긴 인재(人災)라는 의견이 지배적이기는 해. 막을 수 있었던 사고라는 거야. 그러나 사람들은 핵 사고가 한 번 일어나면 얼마나 끔찍하며 오래도록 후유증이 남는지를 체르노빌 사태를 통해 알 수 있었어. 꼭 폭탄이 아니어도 '핵'이라는 말 자체에 공포를 느끼게 된 거야.

그보다 더 최근에는 우리의 이웃 나라 일본에서 원전 사고가 있었어. 아까 말한 오염수 방류 문제도 바로 이 후쿠시마 원전 사고 때문에 불거진 문제였고. 후쿠시마 원전 사고는 체르노빌 참사에 비해 인명 피해는 적었지만, 원전 이용이 갖는 또 다른 한계를 보여주고 있어. 후쿠시마 사고는 자연 재해 때문에 일어난 것이었지. 인재는 우리가 막을 수 있지만, 자연 재해는 그렇지 않잖아. 기후 변화가 점점 가속화되며 앞으로 태풍이나 홍수 등 자연 재해가 점점 더 자주, 더 세게 찾아올 것이라고 하는데, 또 다른 원전에서 이런 사고가 일어나면 어떡하지? 사람이 아무리 실수하지 않더라도 자연 재해는 언제든 찾아올 수 있는 거 잖아.

이처럼 역사 속에 남은 무시무시한 핵 사고들은 원전의 눈부신 장 점 뒤에 숨어 있는 짙은 그늘을 우리에게 보여줘. 사고 없이 잘만 이용 하면 참 좋겠지만, 한 번 사고가 나면 오래오래 감당이 안 되는 게 바로 원전이지.

3

작게라도 가 보자,
소형모듈러원전(SMR)

뭐든 작으면 귀엽던데

너희는 귀신 무서워하니? 다 큰 어른들도 혼자 집에서 샤워를
할 때 귀신이 나올까 봐 겁을 내는 사람들도 있어. 그런데 제아
무리 무시무시한 귀신이라도 크기가 손톱만 하다면, 무섭기보다
는 일단 하찮고 귀여운 마음이 들지 않을까? 손톱만한 것이 아
무리 끔찍하게 생겨봤자, 그다지 두려운 마음은 들지 않을거야.

이처럼 원래 위험하다고 생각했던 것도 규모가 작아지면 느
낌이 달라져. 그리고 그건 원자력 발전소도 마찬가지야. 원전의
위험성 때문에 요즘 와글와글 시끄럽지? 이런 시기에 단연 트

도심에 가까운 소형 모듈러 원전

렌드로 급부상한 것은 소형모듈러원전(Small Modular Reactor, SMR)이야. 말부터 '소형'이니 일단 작다는 뜻이지. 기존의 원자력 발전기는 최대 1기가와트까지 전력을 생산하는 데 반해, 300메가와트 이하의 출력을 가진 비교적 조그마한 아이들을 말하는 거야. 아까부터 기가와트니, 메가와트니 자꾸 어려운 소리를 하지? 1기가와트는 중간 크기의 도시가 소모하는 전력이라고 생각하면 돼. 그러니까 소형모듈러원전은 기존의 원전과 비교해 3분의 1 이하의 크기를 가졌다고 볼 수 있어. 애초에 미국에서 핵잠수함이나 항공모함 탑재용으로 개발한 것이 시초라고하니, 규모가 '미니미'인 셈이야.

소형모듈러원전도 핵의 원자가 분열되며 방출된 열로 물을 끓여 전력을 생산한다는 점에서는 전통적인 원전과 다를 바가 없어. 그럼에도 '안전성'은 소형모듈러원전의 최장점으로 꼽히지. 어떤 전문가는 사고 가능성이 기존 방식에 비해 100만 분의 1이라고까지 얘기한다고 하니까. 그 이유는 기존 대형 원자로의 경우 배관에서 방사능 유출 가능성이 있는데, 소형모듈러원전은 배관 자체가 없거든. 배관 없이 주요 기기를 하나의 커다란 용기 안에 넣어서 사용하기 때문에, 배관 파손으로 인한 방사능 유출 가능성은 없단 거야.

또한, 후쿠시마 원전 사태에서도 보았듯 기존 원전은 많은 양의 물이 필요해서 주로 해안가에 위치하게 되거든. 그런데 소형모듈러원전은 꼭 그렇지가 않아. 규모가 작다 보니 발전 용수도 비교적 적게 필요해서 내륙에도 건설이 가능하거든. 게다가 사용처의 필요에 따라 다양한 규모로도 제작할 수 있다는 장점이 있어. 규모가 작으니 당연히 건설 비용도 적게 들고, 건설 기간도 짧은 편이야. 앞서 언급했듯 기존 원전은 안전성도 문제지만 현실적으로 비용도 큰 문제라고 했잖아. 원전 하나 지으려면 돈이 너무 많이 드는데다 이를 회수할 수 있는 기간도 길어서, 웬만한 국가들이 부담스러워서 원전을 생각하기 어렵거든. 건설하기로 해 놓고 공사 기간과 예산이 한도 끝도 없이 늘어나서 흐지부지되는 경우도 있을 정도니까.

요즘 '소형'보다도 더 작은 '마이크로' 모듈러원전(MMR) 얘기까지 나오고 있대. 미래의 원전은 미니미가 대세인가 봐. 이쯤 되면 너희도 왜 소형모듈러원전이 요즘 언론에 자주 오르내리는지 알 거야. 마치 기존 원자력 발전의 단점을 극복한 해결책처럼 보이니까 말이야.

보이는 것처럼 좋지만은 않은 이유

아니, 이렇게 좋은 걸 왜 다들 쓰지 않는 거지? 요즘 같은 기후 위기 시대에 이만큼 좋아 보이는 에너지원도 없는 것 같은데 말이야. 기존 원전이 효과는 좋지만 부작용이 치명적인 다이어트 약이라면, 소형모듈러원전은 용량을 대폭 줄여 안전성까지 확보한 훌륭한 다이어트 약처럼 보여. 하지만 의외로 소형모듈러원전은 예상했던 것만큼 인기를 끌고 있지 않아. 언론에서 큰 주목을 받고 있고 시장도 성장세이긴 하지만, 회의적인 시각도 여전하고 말야. 대체 왜 이런 걸까?

일차적인 원인은 '돈'이야. 엥, 아까는 건설 비용이 적게 든다며? 아, 그건 원전 하나를 짓는 데 드는 비용을 말한 거야. 작으니까 돈도 적게 들지. 하지만 생산하는 전력의 양을 생각해보면 꼭 그렇지도 않아. 기존 원전은 대형화되며 경제성이 좋아졌는데, 그 거대한 발전소만큼 전력을 생산하려면 소형모듈러원전 한두 개 가지고는 택도 없거든. 소형모듈러원전을 수십 개, 수백 개 지어서 전력 수요를 충당하자니 건설 단가나 운영 비용이 도무지 수지 타산에 맞지 않아. 그래서 선진국들도 소형모듈러원전 상용화를 위해 열심히 노력해 왔지만, 생각보다는 성과가 나오질 않고 있어.

이처럼 소형모듈러원전은 그럴듯한 절충안 같지만 아직 갈 길이 멀어. 안전한 대신 엄청 자주 먹어야 하는 다이어트 약이라면, 총 비용이 감당하기 어려울 거 아냐. 그래도 많은 기업들은 소형모듈러원전의 잠재력에 희망을 걸고 꾸준히 투자하고 있어. 빌 게이츠도 '테라 파워'라는 회사를 설립하여 소형모듈러원전 프로젝트를 진행 중이지. 그 아저씨 돈 엄청 잘 벌잖아. 미래가 없으면 투자할 리가 없어. 성과가 나올지 한 번 지켜보긴 해야겠지?

비용만 문제는 아냐. 그린피스 등 환경단체들은 소형모듈러 원전이 겉보기엔 그럴듯해 보이지만 '원전은 원전일 뿐'이라며 선을 긋고 있더라고. 경제성도 그렇지만 안전성 측면에서도 바람직한 에너지 전환의 방향은 아니라는 거야. 사고 가능성이 낮더라도 여전히 존재하고, 폐기물도 여전히 생길 거 아냐? 실세로 만들어서 장기 운영된 적 없다 보니, 더 안전하다는 것도 사실 이론일 뿐이지, 아무도 모르는 거야. 게다가 한 연구 결과에 따르면 방사성 폐기물이 기존 원전에 비해 더 많이 생성된다고도 하더라고.

악, 정말 모르겠어. 원자력 발전이 수십 년째 뜨거운 감자인 것이 이해가 돼.

핵을 버린 국가들,
핵으로 돌아간 국가들

"앗, 뜨거~" 이렇듯 뜨거운 감자 중에서도 가장 뜨거운 원자력 발전. 장단점이 너무도 확실하기 때문에 많은 국가들이 원자력을 추진할지, 아니면 버릴지 언제나 논란이 분분해. 하지만 일단 원자력 발전소 건설 자체가 돈이 많이 드는 사업이기 때문에, 이용 가능성 자체를 논의할 수 있는 나라들은 경제적으로 여유가 있는 국가들이야. 빈곤국 입장에서는 원자력 발전이 뜨거운 감자는 무슨, 그저 다른 세상의 이야기지.

한국은 현재 원자력 발전을 적극적으로 이용하고 있는 국가들 중 하나야. 석유 한 방울 나지 않아 에너지원 전부를 수입해야 하는 대한민국 입장에서는 경제 발전에 원자력만큼 실용적인 선택지도 별로 없지. 핵 연료는 여전히 수입해야 하지만, 발전소만 지어 놓으면 대량의 전력을 안정적으로 공급할 수 있으니까 말이야. 아까 말했듯 한국의 원자력 기술은 국제적으로도 명성이 높아서, 해외에도 원전을 수출하기도 해. 최근에도 폴란드의 첫 원전에 한국이 참여하기 위해 협력 사업

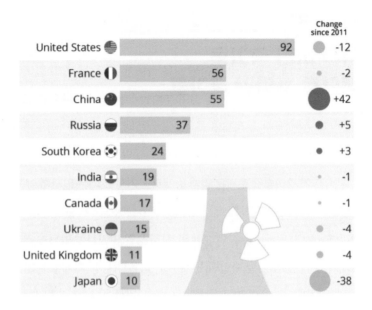

		Change since 2011	
United States	92		-12
France	56		-2
China	55		+42
Russia	37		+5
South Korea	24		+3
India	19		-1
Canada	17		-1
Ukraine	15		-4
United Kingdom	11		-4
Japan	10		-38

세계 원전 이용 현황 (그래프 출처: Statista)

을 추진하기로 했고, 올해는 체코에서도 한국이 우선협상 대상자로 선정되었지. 뿐만 아니라 소형모듈러원전 기술도 우크라이나에 수출하기로 하는 등 앞서 나가고 있지. 대한민국 외에도 미국, 프랑스, 중국, 러시아, 일본 등이 원자력 발전을 이용하고 있어.

반면 원래는 원자력 발전을 했었지만, '탈원전'을 선언한 국가들도 있어. 한국의 경우는 어떤 성향의 정부가 정권을 잡느냐에 따라 '탈원전'이냐 '친원전'이냐 왔다 갔다 하는데, 독일의 경우는 꾸준히 탈원전을 위한 정책을 펴 온 국가야. 2023년 4월에는 결국 모든 원전의 가동을 중지하는 데 성공했지. 원전을 처음 가동한 지 62년 만의 일이야. 대신 태양광 등 재생 에너지를 늘여 부족한 부분을 메우려 애쓰고 있지. 아예 원전 '금지'가 정책인 국가들도 있는데, 오스트리아나 뉴질랜드 같은 경우 법으로 원전을 쓰지 못하도록 못박고 있다고 해.

흥미로운 점은 예전에는 원전은 위험하다는 의견이 지배적이었던 EU에서 요즘에는 태도를 바꿨단 거야. 원자력 발전 없이는 현실적으로 기후 위기를 해결할 수 없다는 생각이 들어서일까? 최근 원자력 발전 중 일부를 '친환경 에너지원' 중 하나에 끼워 줬어. 태양광이나 풍력과 어깨를 나란히 한 거야. 예전 같으면 원자력 발전에 투자하면 청정 투자라고 인정받지 못했는데, 이제는 친환경적인 투자 선택이라고 세금도 적게 내고 각종 혜택을 받게 되었어. 분위기가 이렇게 바뀌다 보니 마음을 바꾼 나라도 생겼어. 영국도 원래는 한 군데를 제외한 원자력 발전소를 폐쇄하려다가, 아예 원자력 발전 비율을 높이겠다고 정책 기조를 바꾸었다고 해. 심지어 탈원전을 해낸 독일조차 여론 조사에 따르면 과반수의 국민들이 원전 폐지에 반대하는 입장이라고 하니, 아이러니하지.

후쿠시마 원전 사고로 한동안 주춤했던 일본마저, 당장 원전만큼 안정적으로 대량의 전력을 공급하는 방안이 없다 보니 다시 원전 재개발에 나서고 있어. 사고 여파로 원자력 발전 비율이 줄다 보니, 최근 화석 연료로 얻는 에너지량이 늘어나 버렸거든. 재생 에너지 확대를 통한 에너지 전환이 생각보다 더딘 지금, 원자력 발전이라는 달콤한 치트키는 아무래도 당분간 많은 국가들이 버리지 못할 것 같아.

"토론거리

여러분은 원전 사용에 찬성하나요, 반대하나요? 한국은 원전 사용을 늘려야 할까요, 아니면 점차 줄여야 할까요, 그것도 아니면 지금 상태를 유지해야 할까요?
이유를 들어 토론해 봅시다.

5장

샐러드 한 끼는
시작일 뿐

1

다른 끼니도
샐러드로

샐러드 한 끼가 끝이 아니야

후아, 이제까지 한 끼만이라도 샐러드를 먹는 걸 알아봤어. 그런데 고작 한 끼를 샐러드로만 먹는 게 보통 쉬운 일이 아니다, 그렇지? 재생 에너지부터 원자력까지, 하나 하나 뜯어보니 이슈가 우수수 떨어지니 말이야. 비싼 가격표만 문제인 줄 알았는데, 줄줄이 사탕처럼 딸려오는 문제들이 아주 많아. 작은 에너지 밀도 때문에 부지 선정이 어렵다는 것, 행여나 아주 넓은 영역을 확보해서 발전을 한다 해도 간헐성을 해결하기 힘들다는 것, 현재와 같은 전력망에서는 재생 에너지원으로 만든 전기를 유연하게 쓸 수 없다는 것, 그렇다고 원자력을 쓰자니 안전성이나 폐기물 문제가 골치 아프다는 것…. 말하다 보니 숨이 찰 지경이야.

이제는 너희도 뉴스를 접할 때 조금은 시각이 달라질 것 같지 않니? 지구 곳곳에서 들려오는 기후 위기 관련 뉴스를 보시며 부모님께서 "재생 에너지를 더 많이 쓰면 다 해결될 거야"라고 하시면 반박할 말이 많아질 거야. 혹시 친구가 오염수 방류 뉴스를 보며 "저러니까 원자력은 무조건 핵 망의 길이라니까"라고 한다면 대꾸할 말이 생길 것이고 말이야.

처음에 다이어트 식단을 짤 때 얘기했잖아. 우선 한 끼라도 제대로 샐러드를 먹자는 건 시작에 불과했어. 두 번째랑 세 번째가 남아 있다고. 뭔지 기억나니? 다른 끼니도 최대한 샐러드로 대체하기, 그리고 어쩔 수 없이 섭취하는 육류에 대해서는 방귀 문제를 해결하기가 바로 그것이었어. 다른 말로 얘기하면 전기를 만드는 것 말고도 이제까지는 화석 연료를 쓰던 부문을 전력화하고, 정 화석 연료를 써야 한다면 탄소 포집 등을 통해 온실가스 배출을 억제하는 것이지. 언뜻 들으면 어려운 얘기 같지만, 찬찬히 살펴보면 뻔한 얘기야. 우선 전력화 얘기부터 해 볼게.

샐러드 끼니 수를 늘리기: 전력화

어떤 유명한 아저씨가 이런 말을 했대. "결국에는 전기로 구동되는 트럭이 가장 효율적이고 경제적인 교통 수단으로 인정받을 것입니다. 문제는 현재 사용 중인 배터리보다 더 나은 배터리를 찾는 것이죠." 오, 최근에 진행한 인터뷰 같은데? 땡! 틀렸어. 이 유명한 아저씨는 다름 아닌 미국의 발명왕 토머스 에디슨이야. 에디슨이라니, 전구를 발명한 그 분? 백 년도 더 된 이야기라구. 에디슨과 전기 차라니, 생뚱맞지?

하지만 사실 에디슨이 살던 시대에도 전기 차가 만들어졌어. 곧 석유를 쓰는 내연기관차에 밀려 자취를 감추기는 했지만, 초반에는 에디슨을 포함해 전기 차에 기대를 거는 사업가들도 꽤 있었대. 그렇지만 당시 배터리 기술도 충분히 성숙하지 못했을 뿐더러, 석유가 신속하게 보편화되며 내연기관차에 순식간에 자리를 내어주고 말았지. 하지만 역사는 돌고 돈다지? 아마 에디슨이 지금 시대에 살아 돌아온다면 전기 차 시장의 성장을 보고 꽤나 뿌듯해할 것 같아. 기후 위기와 더불어 석유가 필요 없는 전기 차가 각광받고 있으니 말야.

토머스 에디슨과 전기차(출처: 네이버 포스트-모토야)

전기 차는 전력화의 대표 주자야. 아까도 말했듯 전력화란 기존 화석 연료를 사용하던 기기를 전기로 구동하도록 전환하는 것을 말해. 단연 석유가 지배하던 교통 부문이야말로 전력화의 핵심이지. 사실 이제까지 석유가 교통 부문의 핵심이었던 건 그럴 만한 이유가 있었어. 자동차에 집어넣는 휘발유나 비행기가 쓰는 항공유 등 액체 상태의 연료는 에너지 밀도가 정말 높아. '슈퍼 에너지 드링크'나 다름 없다고. 적은 양으로도 많은 에너지를 내는 데다, 운반마저 쉬워서 도로 교통과 해상, 항공 교통이 눈부시게 발전할 수 있었어. 아니, 어찌 보면 석유를 쓰기 위해 교통 인프라가 석유를 사용하는 방향으로 발전한 것이라고도 볼 수 있지. 이걸 뜯어고치는 건 그래서 쉬운 일은 아냐. 그래도 요즘 도로에 점점 늘어나는 전기 차가 하나의 해결 방안이 되고 있지.

왜 자꾸 전기를 써야 하냐고? 왜긴, 온실 가스를 줄이는 방법이니 그렇지. 기름을 넣어서 자동차를 굴리면 사용할 때마다 꽁무니에서 매번 온실 가스가 발생하잖아. 그런데 전기 차는 그렇지 않지. 그래서 전력화가 중요하단 거야. 물론 전기를 만들 때 화석 연료로 만들면 전기 차는 반쪽짜리 해결책이야. 도로 위 모든 자동차를 전기 차로 바꾸었다고 해서 온실 가스 배출이 0이 되었다고 생각하면 안 된다고. 운전할 때는 방귀가 나오지 않을지 몰라도, 충전시킬 때는 여전히 석탄 화력 발전소에서 만들어진 전기를 쓴다면 간접적으로 방귀를 뀌는 거니까. 재생 에너지로 전기를 만든다면 그때야말로 죄책감없이 자동차를 타고 다닐 수 있을 거야. '깨끗한' 전력으로 충전한 '깨끗한' 차를 타는 거잖아.

그래서 전력화는 청정한 전력 생산이 반드시 전제되어야 해.

친환경 전기로 전기차를 충전한다면?

밥을 먹을 때마다 내가 방귀를 안 뀐다 하더라도, 내게 식사를 배달해 주시는 배달 기사님이 나 대신 방귀를 뿡뿡 뀌신다면 기후에는 그다지 도움이 되지 않잖아. 전기 차도 '직접 배출'만 없을 뿐, 전기가 어디서 오느냐에 따라 '간접 배출'은 있을 수 있다는 뜻이야. 전력 생산을 재생 에너지이나 원자력 에너지로 하면 직, 간접 배출이 모두 제로가 될 수 있겠지.

전기 차 같은 교통 부문만 전력화가 가능한 건 아냐. 한국의 겨울은 무지 춥지? 겨울철에 우리는 여전히 가스 난방을 많이

해. 아파트나 가정집에 보일러를 돌리는데, 그 보일러가 가스 보일러거든. 대신 전기로 난방을 하는 기기를 설치할 수도 있는데, 이것도 전력화의 한 사례야. 부엌에서 요리를 할 때도 전력화가 가능해. 예전에는 가스레인지를 주로 썼는데 요즘은 인덕션을 많이 쓰잖아. 사실 주부들도 깨끗하고 안전하다는 인식 때문에 인덕션을 선호하는데, 틀리지 않은 말이야. 난방이나 조리할 때 전기를 쓰면 사용이 편리하고 깨끗할 뿐 아니라, 따로 집에서 연료를 저장할 필요도 없고, 따라서 어디서 사 오거나 쌓아둘 필요가 없어. 예전에는 연탄가스 중독으로 사망하는 비극적인 사고가 종종 발생했는데, 이런 불완전연소의 위험도 없고 말야. 이렇게 일반 가정도 난방과 조리에서 전력화의 혜택을 볼 수 있어. 이쯤에서 우리 생활과 가장 밀접한 난방 전력화의 사례, 히트펌프에 대해 한 번 알아보고 갈까?

에어컨에서 뜨거운 바람이 나온다?

혹시 독일어 할 줄 아는 사람? 독일어에서 알파벳 S는 영어의 Z에 가깝게 발음되기 때문에, 독일 사람들은 삼성(Samsung)을 잼중(Zamzung)처럼 발음하는 경우가 많다고 해. (물론 공식 광고를 보면 '삼성'이라고 제대로 발음하기는 해.) 잼중이란 말이 좀 웃기긴

하지만, 삼성이나 LG 같은 한국 기업들이 이제 미국이나 유럽 등 선진국에서 그만큼 유명해졌단 소리 아니겠어? 특히 자국 제품에 비해 품질도 좋고 서비스도 훌륭해서 좋은 평가를 받고 있다고 해.

그런데 최근 흥미로운 소식이 들리더라. 한국 기업인 LG가 만든 어떤 제품이 유럽과 미국에서는 대박을 쳤는데 고향인 한국에서는 아예 가정용 기기 사업을 접었다는 거야. 대체 무슨 제품이길래 그럴까? 바로 난방 전력화의 핵심, '히트펌프'야. 히트펌프라니, 일단 이름부터 되게 생소하네. 아마 너희들도 히트펌프에 대해 잘 모르거나 접해본 적 없는 경우가 많을 거야. LG가 한국 히트펌프 시장에서 발을 뺀 이유도 아마 그래서겠지?

아까 난방도 전력화할 수 있다고 했었지. 그 말을 들으면 온풍기나 전열기처럼 코드를 꽂아서 사용하는 제품을 떠올릴 텐데, 사실 요즘 진짜로 주목받고 있는 기술은 히트펌프야. 히트펌프는 에어컨 비슷하게 생겼는데, 냉난방이 모두 가능한 제품이야. 쉽게 말해 에어컨과 보일러를 합쳐 놓은 셈이지. 전기 온풍기는 뜨거운 바람을 마구 내뿜지? 피부도 눈도 건조해지게 말이야. 그건 기기 내부의 저항을 통해 열을 인위적으로 만들어내는

아직은 조금 생소한 히트펌프

방식이라 그래. 이와 달리 히트펌프는 실내와 실외의 열 교환을
통해 냉난방을 한단다. 공기 중의 열을 '뽑아낸다'고나 할까? 그
래서 더 효율적이야. 히트(heat, 열)를 펌프(pump)한다는 것이 이
름에도 그대로 드러나지. 히트펌프는 난방과 온수를 동시에 공
급할 수 있고 효율도 좋을 뿐 아니라, 전기로 구동되기 때문에
온실 가스를 배출하지 않아 기후 위기 시대를 사는 우리들에게
매우 좋은 난방 옵션이야.

삼성을 '잼중'이라고 자기 멋대로 부르는 독일에서는 히트펌프 시장이 2022년에 전년대비 54%나 성장했을 만큼 폭풍 성장 중이야. 다른 나라들에 비해 유럽에서 특히 히트펌프 시장의 성장이 두드러지는 배경에는 우크라이나-러시아 전쟁이 있어. 유럽은 원래 가스 난방이 대중적으로 보급되어 있었고, 그 가스를 러시아에서 많이 조달해 왔었어. 러시아는 워낙 자원 부국이라 유럽을 상대로 에너지 장사를 열심히 하고 있었거든. 그런데 전쟁 때문에 가스 수급에 차질이 생겼고, 많은 국가들에서 가스비가 최소 세 배 이상, 많게는 대여섯 배까지 뛰어버린 거야. 그래서 난방 전력화에 더 관심이 생긴 것이지.

그런데 왜 유독 한국에서는 히트펌프가 생소한 걸까? 여러 장점에도 불구하고 가격이 좀 사악한 편이라 그런 것도 있어. 하지만 비싼 가격표는 다른 나라들에서도 마찬가지잖아. 우선 한국은 아파트 주거 문화가 발달하여 가스 온돌 난방 형식이 워낙 보편화되어 있어서 그걸 뜯어고치기가 참 힘들다고 해. 특히 한국인들은 소파가 있어도 절대로 소파 위에 앉지 않는 걸로 유명하잖아. (인터넷에 돌아다니는 다음 장의 그림처럼, 소파는 '비싼 등받이'라고 하지, 하하.) 겨울철 뜨뜻한 바닥에 앉아 소파 발받침에 기대서 귤이라도 까 먹으면 극락이 따로 없지. 게다가 한국의 전력

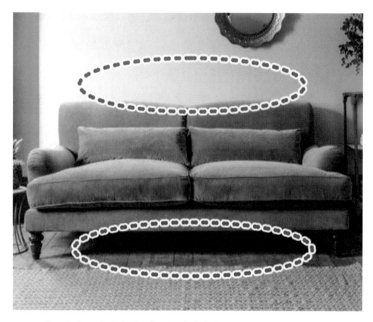

한국인의 소파 사용법: 애들은 빨간색에, 어른들은 파란색에 앉음.

요금은 누진세인데, 이게 히트펌프에 유리하지가 않대. 다른 나라들은 히트펌프를 설치하면 전기세를 절약할 수 있는데, 한국은 오히려 더 나온다고 하더라고. 그러니 비싼 돈 들여가며, 뜨뜻한 바닥 난방 포기해 가며 굳이 바꿀 유인이 없는 것이지.

미국의 경우는 아예 대놓고 정책적으로 히트펌프를 밀어주고 있어. 산타 할아버지를 닮은 미국의 바이든 대통령은 기후 위기 대처에 아주 적극적인 사람이야. 최근에 기후 변화 대응을 위해 통 크게 돈을 팍팍 쓰는 법안에 서명을 하기도 했지. (TMI: 이 법안의 공식 이름은 다소 쌩뚱맞은 '인플레이션감축법(Inflation Reduction Act)'이라고 해. 별명이 '기후 변화법'일 만큼 기후 변화 대응을 위한 포괄적인 내용을 담고 있어.) 법을 만들었단 건 그 법의 이행을 위해 아낌없이 돈을 쓰겠단 거야. 그리고 이 법안에는 히트펌프와 같은 가정 전력화 프로젝트에 자금을 지원하기로 하는 것도 포함되어 있어. 쉽게 말해서 집에 히트펌프를 설치하면 정부에서 일부 지원금을 준다 이거야. 도널드 트럼프 대통령 당선인은 기후변화 대응에 미온적이지만, 히트펌프 시장은 이미 커져 있으니 미국에서 당분간은 인기를 끌 것 같아.

선진국 정부들이 이만큼 적극적으로 히트펌프를 밀어 주고, 실제로 시장도 커지는 것을 보면 히트펌프가 대세긴 하구나 싶어. 아직 한국은 여러 한계로 인해 히트펌프 보급이 느리지만, 그래도 주택이나 공공건물, 상업용 건물 등을 위주로 보급이 활성화되면 좋겠어. 일단 샐러드로 바꿀 수 있는 끼니는 샐러드로 대체해야 방귀를 덜 뀔 수 있으니 말야.

2

그래도 고기를
먹어야 한다면

방귀는 '제로'가 될 수 없다

이제 거의 다 왔어. 사실 다이어트의 핵심은 모두 다 살펴보았다고 할 수 있어. 재생 에너지 발전량을 늘리고, 되도록 많은 부문에서 전력화를 하는 것, 그게 일단 가장 중요하니까. 하지만 안타까운 소식이 하나 있는데, 방귀가 절대로 '제로'가 될 수는 없다는 거야. 꼭 육류를 먹어야만 하는 부문이 아직 존재할 뿐더러, 그냥 저절로 방귀가 뿡뿡 나오는 경우도 있단 소리야. 게다가 이 부문은 우리 삶에서 무척이나 중요하고, 아주 배출량도 아주 많단다. 어떤 부문이냐고? 아까도 잠깐 얘기했듯 철강과 시멘트, 플라스틱, 그리고 비료 산업 등이야.

집과 학교, 사무실과 도로를 만들 때 꼭 필요한 철강과 시멘트, 그 두 부문의 배출량만 합쳐도 전체 온실 가스 배출량의 10퍼센트나 차지하거든. 제아무리 채식만 하고 싶어도, 아직은 불가능한 부문이야. 지금으로서는 전기로만 구동되게 만들 수가 없거든. 게다가 먹는 거랑은 상관 없이 마구 방귀가 나오는 부분도 있어. 시멘트의 경우 생산 부산물로 이산화탄소가 배출되고, 비료 역시 생산할 때뿐만 아니라 사용할 때도 '아산화질소'라는 온실 가스가 배출돼. 아산화질소는 가장 흔히 접하는 이산화탄소에 비해 배출량은 적지만, 지구를 아주 덥게 만드는 '두꺼운 이불'이기 때문에 반드시 주목해야 하는 온실 가스지. 화석 연료 연소로 인한 온실 가스 생성이 전체 배출량의 대부분을 차지하기 때문에 이제까지 이 부분을 집중적으로 들여다보았지만, 해결될 수 없는 방귀도 있다는 거, 꼭 기억해 둬.

정말 꼭 뀌어야 하는(?) 방귀가 있다면…. 어쩔 수 없지. 최대한 적게 뀌려고 노력하고, 그래도 뀌게 되는 부분은 어떻게든 공기 중으로 배출되지 않도록 막아보는 수밖에. 요즘 이런 고배출 산업에서도 공정을 바꾸고 효율을 높여 어떻게든 방귀를 적게 배출하려 노력하고 있는 추세야. 너희도 잘 살펴보면 저탄소 시멘트니, 친환경 비료니 하는 말들이 간혹 뉴스에서 보일 거야.

다만 비용 면에서 대규모로 사용하기에는 아직 멀었어. 우리가 지금도, 그리고 미래에도 필요로 하는 양은 너무너무 많은데, 지금처럼 상업적 규모로 제공하기에는 택도 없거든. 탈탄소 기술을 사용해서 아주 아주 비싼 시멘트를 만들었다고 쳐도, 아무도 사 주지 않는다면 그 사업체는 망할 거 아니니, 그렇지? 이 쪽에 비하면 전기를 만드는 부분은 에너지 전환이 아주 빠르게 일어나고 있는 셈이야.

그런데, 온실 가스 배출을 억제하는 건 알겠는데 이미 배출된 걸 어떻게 제거한다는 걸까? 그 기술에 대해 잠깐 설명해 줄게.

이산화탄소를 묻어버리는 기술, CCUS

가끔 연예인들 보면 엄청 뚱뚱했다가도 몇 달만에 전혀 다르게 날씬해진 모습을 볼 수 있지. 특히 외국 연예인들은 몇 억씩 들여서 전신을 성형했다고 공개하기도 하는데, 그럴 때 꼭 등장하는 단어가 '지방흡입술'이더라. 먹을 건 일단 다 먹어서 살이 쪘는데, 외과적인 방법으로 지방을 제거하는 것이지.

이제까지 방귀를 뀌지 않으려고 어떻게든 내 식단을 조절하려고 고민했잖아. 그런데 지방흡입술처럼 발상의 전환을 해 보면 어떨까? 방귀는 그냥 뀌고, 뀐 방귀를 어떻게든 없애버리는 방법 말야. 기똥찬 아이디어 아니니? 그런데 사실 그런 기술이 이미 나와 있어. 이걸 탄소 채집, 이용 및 저장(Carbon Capture, Utilization and Storage, 줄여서 CCUS)이라고 불러. 말이 너무 길고 어렵다고? 하나하나 살펴보면 별 것 아니야. 방귀를 잡아채서 필요한 곳에 이용한 후 묻어 버리는 기술이거든. 사실 예전에는 '이용(U)' 부분은 없었어. 그냥 잡아채서 묻어버리는 것만 생각했지. 그래도 개똥도 약에 쓰려면 없다는데, 뭔가 효용이 있으면 더 좋지 않겠어? 기껏 열심히 잡아챘는데 말이야. 그래서 몇 년 전부터는 이산화탄소를 사용하는 산업에 활용해보자는 얘기가 나온 거야. 아무튼 CCU든, CCS든, 둘이 합쳐 CCUS든, 용어야 어떻든 일단 배출된 탄소를 붙잡는다는 거야. 아이디어 자체는 이미 한참 전부터 논의되어 왔어. 옛날엔 2020년쯤이면 이미 상용화되었으리라 생각하는 사람도 많았으니까. 그런데 벌써 2020년이 지난지 한참 되었는데 실상은 전혀 그렇지 않아.

와, 나 다이어트 안해도 되는 걸까? 지금처럼 화석 연료를 사용하며 살아가되, 문제가 되는 온실 가스만을 없앤다는 거잖아.

탄소 중립이 뭘까?

그러나 현실적으로 비용적 측면이나 기술적 한계 때문에 대부분의 CCUS 프로젝트는 시범 사업 규모를 넘지 못하고 있어. 시범 사업은 진짜 사업을 하기 전에 한 번 시도해보는 걸 의미해. 그런데 시도해 봐도 아직 대규모로 상용화되긴 어려운가 보더라고. 그 이유는 CCUS에 들어가는 알파벳 하나 하나가 굉장히 까다롭기 때문이야. 탄소를 잡는(capture) 것도 어렵고, 이용하는(utilization) 것도 어렵고, 저장하는(storage) 것도 어렵거든. 사실 자세한 걸 설명 안해도 대충 그럴 것 같지 않니?

그럼에도 불구하고 아직 CCUS 기술을 때려치지 못하는 이유는 뭘까? 바로 현재로서는 유일하게 화석 연료를 계속 쓰면서도 기후 위기를 막는 데 기여하는 방안이기 때문이야. 샐러드를 먹는 이유가 방귀를 안 뀌기 위해서였잖아. 애초에 방귀를 사전 차단하는 방법이라고. 그런데 CCUS는 일을 저지른 후 온실 가스를 감축하기 위한 기술이라서, 어려운 말로는 유일한 '사후감축기술'이라고들 말해. 에너지 전환을 위해 최대한 노력한다 해도, 당장 온실 가스 배출이 아예 '0'이 될 수는 없다고 했잖아. 그래서 사람들은 자꾸만 CCUS에 기대를 걸고 있어. 한국 정부도 CCUS 기술을 이용해서 2030년까지 온실 가스 90만 톤을 감축하겠다고 발표하기도 했지.

게다가 아까도 언급했던 것처럼 시멘트나 비료 산업 등은 화석 연료를 태우는 것과는 무관하게 온실 가스가 배출되기 때문에, 이 부분만큼은 꼭 다른 기술이 필요해. 제아무리 우리가 이제 인공 지능이니, 비트코인이니 하며 가상 세계에 발을 들여놓았다 한들, 건물이나 식량 없이 살아갈 수는 없어. 우리가 매일 발을 딛고 사는 실제의 '물질' 세계 없이는 아무것도 못 한다고. 아무리 샐러드로 최대한 많은 끼니를 대체한다 해도, 정말 매일 삼시 세끼 풀떼기만 먹는 건 애초에 불가능하다는 소리야. 그래서 세계 각국의 연구소와 대학들에서 CCUS에 대한 연구를 열심히 진행하고 있어. 나중에 정말 상용화해야 할 기술이 되리라는 기대가 있어서겠지?

아직은 너무도 비싸고 어려워서 제한적으로 이용되고 있지만, 기후 변화의 위협이 점점 코앞까지 닥쳐올수록 CCUS 같은 기술은 점점 더 귀중해질거야. CCUS야, 내 방귀를 부탁해!

CCUS, 알파벳을
하나씩 뜯어보자

아까 나온 CCUS의 풀 네임이 뭔지 기억나는 사람? 이산화탄소(Carbon)를 잡아서(Capture) 활용한 후(Utilization), 저장하는(Storage) 기술이었지? 여기 나온 영어 단어를 아까 자세히 설명하지 않았지만 여기서는 알파벳 하나 하나를 좀 살펴볼까 해.

우선, C! 첫 단계인 붙잡는 Capture부터 살펴볼까? 온실 가스는 발전소 굴뚝 등 배출원에서 뭉게뭉게 새어나와. 그러니 배출원마다 포집 시설을 달아서 온실 가스가 대기 중으로 방출되지 않도록 하자는 거야. 포집 시설에서 일어나는 화학 반응을 이용하면 이산화탄소를 꽁꽁 붙잡을 수 있거든. 예를 들어 석탄 화력 발전소에 탄소 채집 장비를 설치한다고 생각해 보자. 일단 모든 화력 발전소마다 이걸 설치하려면 돈이 무지막지하게 들겠단 생각부터 들지. 게다가 설비의 크기도 너무 커서 발전소 부지가 두 배는 필요하다고 해. 장비 사용에 에너지도 엄청 많이 든다고 하니, 많은 양을 붙잡기는 정말 어려울거야. 실제로 생각

이산화탄소를 땅에 묻어 버린다면?

처럼 많은 양을 성공적으로 포집하는 사례는 전 세계적으로 거의 없어. 업계 사람들은 탄소 포집에 공을 들이느니 차라리 재생 에너지원에 투자하는 게 더 싸게 먹힌다고들 한대. 요즘은 이렇게 온실 가스가 배출되는 굴뚝에 포집 장비를 설치하는 것 말고 공기 중에서 직접적으로 이산화탄소를 빨아들이는 직접 채집(Direct Air Capture, DAC)에도 관심이 많아. 거대한 팬으로 공기를 빨아들인 뒤 이산화탄소만을 분리하는 이 기술은 현재 전 세계 많은 사람들이 연구를 하고 있는데, 이것 또한 아직은 무지막지하게 비싼 형편이야. 미국의 경우 몇 년 전부터 직접 탄소 채집 시설에 보조금을 지원하고 있는데, 지원금만 수조 원에 육박

할 정도거든.

다음, U! '이용하는 것'은 또 어떻게? 온실 가스를 힘겹게 붙잡으면 대체 어디다 쓴다는 거지? 예전에는 포집해서 그냥 치워 버리는 것에만 관심이 있었는데, 최근 활용하자는 아이디어가 나왔어. 짚신도 짝이 있다는데, 골칫덩어리인 온실 가스도 자기 짝을 만나서 쓸모를 찾으면 포집하는 수고가 그나마 덜 아까우니까 말이야. 제일 쉬운 사례는 포집한 이산화탄소로 드라이아이스 같은 제품을 만드는 거야. 아니면 사이다에 보글보글 거품이 올라오는 게 이산화탄소인데, 이런 탄산음료 제조업에도 이산화탄소가 쓰이지. 이처럼 기존의 공정에 이산화탄소가 필요한 산업이 있다면 이왕이면 붙잡은 이산화탄소를 이용하면 좋을 것이라는 아이디어야. 다만 아직은 비용이 너무 많이 드는 데다, 운반 및 수송의 문제가 있어 상용화되려면 멀었다고 해. 일상적으로, 대규모로 쓰려면 파이프라인이라도 건설해서 이동시켜야 하는데, 그게 하루 아침에 가능하겠느냔 말이지.

마지막, S! 그러면 '저장하는' 것은 어떨까? 대체 어디에 그 많은 탄소를 저장한단 건지, 아리송하지. 답은 간단해. 바로 땅에 묻어버리는 거야. '뭐라고? 어떻게 그런 엄청난 일을!'라는 생각이 들 수도 있지만, 사실 이건 예전부터 사람들이 많이들 해온 일이야. 너희도 잘 알다시피 석유와 가스는 땅 안에 묻혀 있는데, 이게 저절로 펑펑 솟아나오는 게 아니거든. '검은 황금'이라는 석유를 한 방울이라도 더 뽑아내기 위해 사람들은 물이나 가스를 유전에 주입하여 석유를 꿀렁꿀렁 밀어내는 방식을 써 왔어. 기술은 이미 존재한단 소리지. 석유를 파내거나 자연적인 이유로 이미 땅 속에 빈 공간이 있는 경우 거기에 우리에게 쓸모없는 이산화탄소를 주입하기만 하면 되니까. 일본의 경우 대규모 탄소 매립 저장고를 확보하겠다고 발표했는데, 계획대로만 된다면 2030년까지 일본 연간 탄소 배출량의 약 1%를 채집하여 저장할 수 있다고 해. 하지만 이렇게 대규모 저장 시설을 마련할 만한 부지 선정이 만만치 않은 과제야. 그래서 한국의 경우 몇몇 대기업들이 국내 대신 해외 탄소 저장 사업을 추진하고 있는 실정이지. 게다가 한 번 채집한 탄소는 최대한 오랜 시간 동안 땅 속에 있어야 하고, 그 양도 무척이나 대규모가 될 테니 그것도 문제야. 지진이라도 나면 어떡하지? 불확실성이 무척 크단 것, 이해 가지?

C, U, S 단계 하나 하나가 이처럼 골치가 아프니, 이 기술이 아직 많이 사용되지 못 하는 게 이해되지 않아? 유일한 사후감축기술이라 손에 꼭 쥐고 있는 카드지만, 당장 요긴하게 쓰이지는 못하는 CCUS. 그래도 미래의 어느 시점에는 지금보다는 충실하게 자기 역할을 수행하고 있지 않을까 기대해 보자구.

6장

에너지 전환 다이어트,
진짜 '노답'일까?

1

다이어트, 그냥
안 하면 안 될까?

셰일 혁명, 정말 좋은 소식일까?

너희 학원 다니지? 지금 다니는 학원이 문을 닫는다고 생각해
봐. 곧 옮겨야 할 텐데, 이 학원, 저 학원 알아봐도 딱 맘에 드는
학원이 없네. 선생님이 맘에 들면 집에서 너무 멀고, 집에서 가
까우면 시설이 너무 낡았고, 건물과 위치가 맘에 들면 친구와 같
이 다니기가 어렵고…. "선생님, 학원 문 안 닫으면 안 돼요?" 소
리가 절로 나오지. 학원 하나 옮기는 것도 이렇게 쉬운 일이 아
닌데, 이제까지 오래도록 우리 곁에 있어준 화석 연료와 작별을
하는 건 얼마나 어려운 일이겠어? 에너지 전환이란 게 말이 쉽
지 실상은 복잡한 이슈투성이란 걸 지금까지 배웠어. 재생 에너

지도 장애물이 많고, 원자력도 장벽이 만만치 않지. 전력을 어찌 저찌 해결한다 해도 다른 고배출 산업은 또 어떻게 하지? 구관이 명관이라고, 그냥 이대로 화석 연료를 쓰면서 쭉 살면 정말 안되는 걸까?

사실 20세기 후반만 해도, 화석 연료를 계속 쓰면 곧 고갈될 것이라는 의견이 지배적이었어. 당시에는 에너지 전환을 해야 하는 이유가 기후 때문이 아니었어. 더 이상 파낼 화석 연료가 없어질 것이 걱정이었지. 2000년 경이 되면 석유 생산량이 정점을 찍고, 점점 감소할 것이라는 이론이 지배적이었어. 산 꼭대기를 '피크'라고 하지? 이렇게 피크를 찍고 점점 내려간다고 해

석유가 고갈될 줄 알았는데…

서 '석유 피크 이론'이라고 불러. 어느 시점이 지나면 석유를 점점 적게 쓸 수밖에 없다고 생각했던 거야. 그런데 정작 2000년이 지나 2010년이 되어도 고갈 소식은 잠잠하더라. 왜일까?

시추 기술이 발달하며 같은 유전에서도 더 많은 석유를 뽑아낼 수 있게 되었고, 탐사 기술이 발달하며 더 많은 유전이 발견되었기 때문이야. 용돈을 다 쓴 줄 알았는데 탈탈 털어보니 잔돈이 꽤 되는데다, 몇 달 전 숨겨 두었던 비자금(?)까지 발견된 셈이야. 게다가 굉장한 사건도 있었어. 너희 과학 시간에 퇴적암 배웠지? 퇴적물이 쌓여서 만들어진 이런 돌들 중에 '셰일'이라는 퇴적암이 있어. 그런데 이 셰일 퇴적암층 안에 가스와 오일이 머금어져 있는 경우가 있다는 거야. 우와, 뽑아내서 팔면 부자가 되겠네? 아냐, 최근까지는 그저 그림의 떡이었어. 뽑아낼 수 있는 기술이 없어서 이용하지 못하고 있었거든. 그런데 2000년대에 들어서 미국에서 이를 뽑아내는 데 성공한 거야! 물을 세게 쏴서 지층을 파쇄하는 '수압파쇄법(fracking)'이라는 이 기법 덕에 셰일 안에 가두어져 있던 가스와 오일을 쓸 수 있게 되었어. 얘네를 '셰일 가스' 또는 '셰일 오일'이라고 해.

한국에겐 또 한 번 안타까운 소식이지만 셰일 역시 남의 나

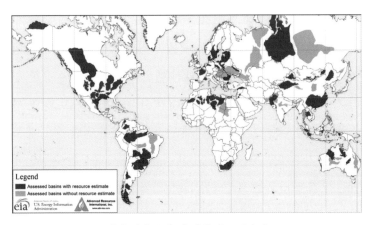
세계 셰일 오일 및 셰일 가스 보유량

라 얘기긴 해. 카타르처럼 '석유 수저'를 물고 태어나지 못했는
데 '셰일 수저'마저 갖지 못한 대한민국이야. 그러나 미국이나
중국, 호주, 남미 등지에는 가스와 석유를 머금은 셰일이 아주
많이 있다고 하니, 이를 다 개발할 수만 있다면 세계의 에너지
판도는 완전히 바뀌게 되겠지? 예전에는 중동 산유국 등 일부
나라에서만 석유가 나는 바람에 전 세계가 산유국 눈치를 볼 수
밖에 없었고, 이들이 생산량을 조금만 늘리거나 줄이면 석유 가
격도 출렁출렁 난리가 났었어. ('오일 쇼크' 들어봤지?) 하지만 이
제 압둘라 아저씨들의 입김이 아무래도 예전만큼 세진 않을거
야. 그래서 셰일 '혁명'이라는 말까지 나왔어.

화석 연료 고갈을 염려하던 사람들도 한숨 돌리게 되었어. 적어도 앞으로 한참 동안은 바닥을 드러낼 일이 없으니까 말이야. 게다가 미국은 석탄 화력 발전 대신 셰일 가스를 이용한 천연 가스 발전이 가능하다고 으스대기 시작했어. 실제로 천연 가스로 전기를 만들면 석탄에 비해 탄소 배출량이 절반 정도에 불과해서, 기후에도 도움이 되는 건 사실이거든. 육류는 육류인데 방귀가 적게 나오는 고기라는 거야. 하지만 이게 정말 좋은 소식일까?

소중한 에너지를 가져다주는 자원이 금방 고갈되지 않는단 건 분명 고마운 얘기 같아. 하지만 장기적으로 따져봤을 때는 그렇지만도 않지. 돌 안에 있든 아니든, 화석 연료잖아. 먹으면 방귀를 뀌게 된다고. 지금 에너지 전환이 중요하다고 부르짖고 있는 상황인데, 화석 연료를 더 많이 이용할 수 있게 되었다고 만세를 부를 일이 아니란 거야. 내일부터 다이어트를 하려는 사람이 떡볶이집 기프티콘을 10만 원 어치나 받았다고 엉덩이 춤을 추는 거랑 뭐가 다르니? 셰일 혁명은 화석 연료 의존도를 낮추는 데 오히려 방해가 될 수도 있단 거야. 안 그래도 에너지 전환이란 게 생각보다 너무 어려운데, 셰일 가스가 핑계가 되지는 않을까 걱정이야. 이런저런 핑계로 다이어트를 미루는 사람처럼 말이지.

수소, 안 되겠니?

예전에 과거 시험을 보던 시절, 기똥차게 운이 좋은 선비들은 시험 전날 꿈에서 조상님을 만났다고 하더라. 조상님이 시험의 주제를 슬쩍 가르쳐 주었다는 거야. 당시 과거 시험은 요즘으로 따지자면 '논술'이었어. 공자왈 맹자왈 읊던 한자 고전 책에서 주제가 나와서, 줄줄 써서 제출하는 방식이었으니까. 아무리 열심히 공부했어도 출제된 문제를 가르쳐 주는 것만큼은 따라갈 수가 없겠지? 요즘으로 따지면 로또 번호 가르쳐 주는 것과 비슷한 셈이야. 이처럼 노력을 하지 않아도 단번에 문제를 해결해 주는 마법의 '한 방'을 바라는 마음이 누구에게나 있을거야.

　에너지 전환에 대해 이런저런 고민을 하다 보니, '에너지 문제에도 마법의 한 방이 없을까'라는 생각이 들어. 재생 에너지를 통한 에너지 전환은 너무도 느린데다, 완전한 해결책은 아니란 생각이 들잖아. 그렇다고 원자력 에너지를 쓰자니 폐기물과 사고 가능성 때문에 마음 한 구석이 영 찝찝하고 말야. 그렇다고 나몰라라 하고 화석 연료를 쭉 쓸 수도 없고…. 갈팡질팡하는 상

미래의 에너지, 수소

황이야.

그런데 우리의 마음을 알기라도 하듯 빌 게이츠 아저씨가 이런 말을 했어. "사람들이 OO에 주목하는 이유는 OO만 잘 이용하면 우리가 고민하는 수많은 에너지 솔루션들이 다 불필요해지기 때문입니다."라는 거야. 마법의 한 방, OO가 뭘까? 정답은 주기율표 1번, '수소'야! 지구상 매우 풍부하게 존재하는 이 수소를 이용하면 청정하고 효율적으로 전기 에너지를 얻을 수 있거든. 에너지 문제에 별 관심이 없는 친구들도 '수소 에너지'니, '수소 경제'니 하는 말을 어디선가 들어본 적이 있을 거야. 수소야말로 궁극의 미래 에너지거든. 조상님이 꿈속에서 알려주는 로또 번호처럼 '한 방'인 셈이지.

그런데 대체 왜 수소가 미래 에너지로 각광받는 걸까? 그걸 알기 위해서는 너희도 잘 알고 있는 아주 쉬운 화학식 하나를 꺼내 봐야 해. 바로 이거야.

물 + 전기 = 수소 + 산소

과학 시간에 배웠지? 물을 전기 분해하면 수소랑 산소가 나오잖아. 그런데 똑똑이 과학자들이 청정한 전력 생산을 고민하다 보니 이런 생각이 든 거야. 전기 분해를 거꾸로 하면, 즉 수소에 산소를 결합시키면 전기가 나올 수 있지 않을까? 그렇게 나온 전기는 이산화탄소 대신 물만 나오니 청정한 전기가 아닐까? 딩동댕, 맞아! 그러면 우리에게 수소만 있으면 만사 해결이야. 산소야 뭐 공기 중에 널려 있으니 전기를 만드는 건 일도 아니잖아. 즉, 수소는 그 자체로 에너지원은 아니지만 배터리처럼 에너지를 저장해주는 역할을 해. 그래서 '수소 연료전지'라는 말을 쓰는거야. 전지가 배터리잖아. 1969년 인류 최초로 달에 착륙한 아폴로 11호에도 수소 연료전지가 탑재되었다고 알려져 있지.

수소 연료전지를 자유롭게 쓸 수 있다면 재생 에너지도 갑자기 큰 힘을 얻게 돼. 아까 재생 에너지의 문제점이 내가 원하는 때에 맞추어 전력을 생산하기 어려운 '간헐성'이라고 했었잖아. 그래서 에너지 저장장치가 필수라고 말야. 그런데 태양빛이 쨍쨍 내리쬐어 우리가 필요로 하는 것보다 많은 전력이 생산되었을 때, 잉여 전력을 수소 연료전지에 저장해 놓으면 어떨까? 햇빛은 주머니에 넣을 수 없지만, 연료전지는 가능하잖아. 수소는 몇 년이고 저장해 뒀다가 필요할 때 꺼내 쓸 수 있는거야.

수소가 전력 생산에만 도움을 주는 건 아니야. 온실 가스 배출을 줄이기 위해서는 개개인의 노력보다 사실 철강 산업처럼 거대한 오염 산업에서 배출량을 어떻게 줄일지가 가장 관건이거든. 앞에서 예를 든 포스코도 한국 총 배출량의 10분의 1을 홀로 배출하는 고배출 사업체라고 했었잖아. 그런데 요즘 수소를 이용한 '수소환원 제철' 공법이라는 게 주목을 받고 있어. 이름부터 엄청 어려운 이 공법이 대체 어떤 원리로 수소를 사용하는 것인지 자세히 알 필요는 없어. 다만 이걸 쓰면 온실 가스 배출량을 줄일 수 있단 건 알아야 해. 현재 화석 연료를 이용하는 공정을 수소로 교체하면 이산화탄소 대신 수증기가 부산물로 나오기 때문에, 산업 부문 배출량을 크게 줄일 수 있어. 오~예, 어쩔 수 없이 육류를 섭취하던 부분이 해결되는 거네?

그뿐이 아니야. 교통 부문도 수소에 대한 기대가 커. 혹시 요즘 길에서 넥쏘(Nexo)라는 현대차를 본 적 있니? 자세히 보면 엉덩이에 'Fuel Cell(연료전지)'라고 써 있거든. 이것도 전기 차의 일종이기는 한데, 아이오닉이나 EV6처럼 배터리를 탑재한 전기 차가 아니라 수소 연료전지를 이용한 수소 차야. 수소 차는 배터리를 이용하는 전기 차에 비해 충전 시간이 훨씬 짧은 게 장점이야. 배터리 전기 차는 밤새 충전소에 꽂아놔야 하지만, 수소는 몇 분이면 충전이 완료되거든. 게다가 배터리는 그 자체로 무게 부담이 있어서 대형 트럭이나 선박, 비행기에는 이용할 수가 없어. 배터리만도 너무 무거워서 화물이나 승객까지 함께 실을 수가 없는거야. 하지만 수소는 주기율표 1번, 엄청 가볍잖아. 그래서 아직 상용화되지는 못했지만 이론적으로는 대형 트럭, 선박, 비행기에도 이용할 수 있어. 비행기 회사인 에어버스 사에서는 향후에 유럽 내 단거리 비행에 수소 비행기를 활용하겠다고 발표하기도 했지. 수소 비행기까지는 아직 먼 얘기일지 몰라도,

친환경 수소 경제

너희 바로 곁에도 수소를 이용하는 교통수단이 있어. 바로 일렉
시티(Elec City)라는 시내 버스인데, 이게 바로 수소 전기버스야.
이런 수소차들은 내부에서 수소와 산소가 만나는 반응이 일어
나는데, 이 때 불순물을 제거한 산소가 필요하기 때문에 내부에
여과 시스템까지 갖추고 있대. 돌아만 다녀도 공기 청정 효과가
있으니, 도로 위의 공기청정기라고 볼 수 있지. 정말 장점이 많
지? 너무 가벼워서 저장이 어려운 단점도 있기는 하지만, 다른
에너지 생산 방식에 비해 장점이 두드러지는 건 사실이야.

이처럼 수소는 재생 에너지에 날개를 달아줄 수도 있고, 철
강처럼 고배출 산업에도 힘이 되어줄 수 있을 뿐더러, 교통 부문

에까지 유용하게 쓰일 수 있어. 그야말로 팔방미인 미래 에너지지.

그럼 수소만 잔뜩 있으면 아무 걱정이 없겠네? 그래, 맞아. 다만 그 수소를 얻는 것이 어렵다는 게 문제야. 안 그러면 진작에 수소 경제로 이행했겠지. 수소는 외로움을 잘 타나 봐. 자꾸만 다른 물질하고 결합하거든. 혼자서도 씩씩하게 잘 있으면 가져다가 사용하면 될 텐데, 자꾸만 다른 물질에 달라붙어 있는 바람에 수소를 일일이 떼어내야 하거든. 물을 전기 분해 한다든지, 천연 가스로부터 수소를 분리한다든지 하는 방식을 거쳐야만 수소를 따로 얻을 수 있어. 물을 전기 분해하는 것은 워낙 비싸서 실제로 많이 쓰지 않고, 천연 가스에서 수소를 추출하는 방법을 흔히 쓰고 있지. 그런데 그 과정에서 에너지가 많이 드는데다, 이산화탄소를 배출하는 경우가 많아서 문제야. 마치 게임 레벨 업을 하기 위해 아이템이 필요한데, 그 아이템을 얻으려면 레벨을 내려가야 하는 것과 비슷하달까?

그래도 좋은 소식은 최근 땅 속에 파묻힌 수소, 그것도 다른 물질과 결합하지 않은 상태의 수소가 발견되고 있다고 해. 나홀로 존재하는 수소는 금광과도 같으니 '골드 수소'라고도 부르는 이런 수소를 찾기 위해 전 세계에서 열심히 탐사를 진행하고 있다고 하더라고. 뿐만 아니라 국내 연구진이 최근 암모니아에서 청정한 방식으로 수소를 뽑아내는 데도 성공했다고 소식도 있어. 아직은 시기상조지만 언젠가는 우리의 탄소 경제가 점점 수소 경제로 탈바꿈할 날이 오겠지?

토론거리

뉴스에서 수소에 관한 최신 뉴스를 찾아 봅시다. 수소 경제로의 길을 가로막는 가장 큰 장애물은 무엇이라고 생각하는지 옆 사람과 토의해 봅시다.

미래엔 어떻게든 막아 내겠지…
핵융합 같은 걸로

'한 방'에 대해 배우니 다이어트 안하고 날로 먹고 싶은 생각이 들어. 그런데 수소를 넘어서는 또 다른 '한 방'이 있다고 하더라. 그건 바로 '핵 융합'이야. 엥, 또 핵이라고? 그럼 원자력 발전 말하는 것 아니냐고? 아, 원자력 할 때 그 핵이긴 한데, 조금 달라. 원자력 발전은 하나의 원자가 붕괴하는 핵 '분열' 반응을 이용하는 것인데 반해, 핵 '융합'은 말 그대로 원자 두 개가 뭉쳐서 다른 원소를 만드는 걸 말하는 거야. 수소와 수소가 만나면 헬륨이 되는데, 헬륨의 질량은 신기하게도 수소 원자 두 개의 질량보다 약간 작대. 사람과 사람이 결혼하면 보통 살이 찌게 마련인데, 원자의 세계는 다르지? 그러면 잃어버린 질량은 대체 어디로 가는 걸까?

잃어버린 질량만큼, 빛과 열의 형태로 어마어마한 양의 에너지가 방출돼! 저 먼 우주에서 별이 빛나는 것과 원리가 같지. 태양을 비롯한 별들에서는 표면에서 핵 융합이 일어나고 있기 때문에 그렇게 뜨겁고,

조그만 태양, 핵융합

반짝이며, 빛이 나는 것이거든. 만일 지구상에서도 조그만 태양을 만들 수 있다면, 아주 작은 연료로도 엄청난 양의 에너지를 만들 수 있기 때문에 에너지 위기 문제는 단박에 해결이 될 거야. 그뿐만이 아니야. 온실 가스도 방출하지도 않고, 핵 폐기물도 생성하지 않아. 안전하고 100퍼센트 친환경적인 에너지가 바로 핵 융합이라니까.

우와, 이렇게 좋은 게 있다니. 하지만 아쉽게도 핵 융합은 아직 꿈에 지나지 않아. 핵 융합은 그냥 수소랑 수소를 결혼시킨다고 되는 게 아니라, 중수소($2H$)와 삼중수소($3H$)가 연료로 사용되어야 하는데, 삼중수소는 지구상에 자연스럽게 존재하는 게 아니거든. 이걸 따로 만들어주는 게 일단 쉬운 일이 아니지.

또, 핵 융합 반응이 일어나려면 태양처럼 초고온의 플라스마 상태가 필요한데, 1억 도 정도 된다고 해. 우리의 인지로는 물이 끓는 100도 이상은 상상도 하기 어려운데, 1억 도라니! 말만 들어도 불가능의 향기가 스멀스멀 나지 않니? 그리고 혹여나 1억 도 상태를 만들고 유지한다고 해도, 핵 융합 반응을 대체 어디서 시키지? 초고온 플라스마를 담을 그릇이 없잖아. 플라스틱 용기가 불에 닿으면 녹아버리듯, 지구상 어떤 물체로 만들어도 1억 도의 물질이 담기면 다 녹아버릴 텐데 말야. 세계 곳곳의 똑똑한 사람들은 이런 여러 어려움에도 불구하고 핵 융합 반응을 일으키려 애쓰고 있어. 문제는 이 모든 노력에 투입되는 에너지가 생성되는 에너지보다 크다는 거야. 지금 에너지를 얻겠다고 이 난리인데, 오히려 에너지를 깎아먹으며 핵 융합 반응을 일으키는 건 앞뒤가 맞지 않지.

이렇듯 핵 융합 상용화는 아직 멀었지만, 언젠가는 지구상에 조그만 태양들이 만들어질 날이 올지도 모르겠어. 유명한 SF 작가 아서 클라크는 "고도로 발달한 과학은 대체로 마술과 비슷하다"라고 했다던데, 핵 융합이야말로 이 말에 꼭 들어맞지 않니? 다만 마술을 기다리느라 지금 할 수 있는 일들을 외면하지는 않았으면 좋겠어. 다이어트, 포기하지 말자구!

2

다이어트고 뭐고, 누군가에겐 생존이 더 절실하다

태어난 김에 마다가스카르

너희 '태어난 김에 세계일주'라는 프로그램 아니? 연예인과 웹툰 작가, 여행 유튜버 등이 모여 세계 여행을 다니는 예능 프로야. 시즌 3에서는 많은 사람들에게 생소한 땅이 나왔는데, 바로 아프리카의 섬나라, '마다가스카르'였어. 영상 속에서는 아무래도 방송이다 보니 흥미진진하고 신비로운 곳으로 그리고 있지만, 사실 이 나라는 경제 순위로 세계 꼴찌 열 손가락 안에 들만큼 빈곤에 허덕이는 곳이란다. 2023년 기준으로 1인당 연간 국민 소득이 500달러를 조금 넘는다고 하니, 3만 달러가 넘는 대한민국으로서는 상상도 하기 어려운 가난이지.

특히 몇 년 전에는 백만 명이 넘는 사람들이 식량 부족으로 기근을 겪기도 했어. 그 이유는 두 해 동안 정상 강우량의 60퍼센트밖에 비가 오지 않아서였대. 원래 와야 할 비의 절반 조금 넘는 비가 왔다니, 가뭄이 정말 심각했던 거야. 유엔 산하 기구인 세계식량계획(WFP)은 마다가스카르 사태가 세계 최초로 기후 변화가 초래한 기근이 될 수도 있다고 경고했대. 그런데 말이지, 이 가뭄 사태에 대해 연구자들이 본격적으로 연구해 보니, 예상과는 다른 결과가 나왔어. 식량난의 원인이 가뭄 탓만은 아니었다고, 즉 기후 변화 때문은 아니었다고 결론이 났다는 거야.

휴, 다행이다. 아니, 진짜 다행일까? 기후 변화는 여러 위기 중 하나일 뿐, 이런 빈곤국에는 더 커다란 문제가 넘치고 있어. 대기근이 기후 변화 때문이 아니라고 해도, 이 나라에는 해결해야 할 과제가 기후 말고도 너무 많다 이거야. 국가 경제가 제조업, 서비스업 대신 농업에만 지나치게 의존하다 보니 한 번 가뭄이 닥치면 피해가 너무 큰 거야. 게다가 가뭄이 오기 전에도 이미 인구에 비해 생산량이 적었다고 해. 사회 인프라도 부족하고, 전염병도 자주 돌고, 거기다 코로나19까지 겹치니 견딜 재간이 있었겠어? 가뭄 때문에 이 사회가 기존에 가지고 있던 약점이 드러난 것뿐이지. 값비싼 샐러드를 살 돈도 없고, 애초에 육류도 먹

저개발국에게 더 가혹한 기후 위기

지 못했던 사람에게는 식단을 고민하는 자체가 버거울 뿐이야.

그러니까 선진국들이 모여 앉아 에너지 전환을 이뤄낸다고 해서 이런 빈곤국의 문제까지 저절로 해결되는 건 아니야. 선진 국은 재생 에너지 중 태양광을 밀어줄까, 풍력을 밀어줄까 고민 하지만 가난한 나라에서는 모두 그림의 떡일 뿐이니까. 기후 변 화보다 생존의 문제가 앞선단 얘기야. 잘못 전해져 내려오는 이 야기라곤 하지만, 프랑스 왕비 마리 앙투아네트의 유명한 일화 가 있어. 혁명을 일으킨 가난한 국민들을 보며 "빵이 없어서 저런다고? 빵이 없으면 고기를 먹으면 되지."라며 철없는 소리를 했다고 말야. 마찬가지로 저개발국 입장에서는 선진국들이 원자력을 하네 마네, 재생 에너지를 늘리네 마네 하는 것은 빵이 없다고 고기를 먹는 것이나 마찬가지로 보일 거야. 빵도 고기도 없는 사람들에게는 선택권이란 없고, 그저 하루하루 살아가는 것만이 최우선 과제니까.

그래서 우리가 에너지 이슈를 논할 때 자주 나오는 말이 있어. 바로 '지속 가능한 발전(sustainable development)'라는 개념인데, 국제 환경 문제에서 꼭 등장하는 용어니까 알아두면 좋을 거야. 선진국은 이미 경제 발전이 많이 이루어진 단계고, 사회적 인프라와 경제 체제가 성숙하기 때문에 에너지 전환을 본격적으로 논의할 수 있는 입장이야. 그러나 개발도상국의 경우는 달라. 경제의 몸집을 불리고 국민들이 골고루 잘 살게 하는 것이 가장 시급한 사안이라고. 그러려면 에너지가 대규모로 필요하고 말이지. 힘이 나려면 고기를 먹는 게 제일 쉬운 길이야. 하지만 개발도상국들마저 예전에 선진국이 했던 것처럼 화석 연료의 힘을 빌려 경제 개발을 한다면 지구는 게임 끝이야. 벌써 중국이나 인도 같은 나라들은 인구가 늘고 경제가 발전하며 엄청나게 방귀를 뀌어대고 있어. 다른 저개발국도 죄다 그렇게 되면

'지속 가능한' 개발이라고?

우린 정말 망하는 거라고. 그래서 발전을 하기는 하되, 지구가 망하지 않고 지속 가능하도록 발전을 하라는 게 지속 가능한 발전의 개념이야. 필요한 에너지를 화석 연료 대신 청정 에너지원으로부터 얻으라는 것이지. 개념상은 참 맞는 말이지?

지속 가능한 발전, 말이 쉽지

하지만 조금만 깊이 생각해 보면 이 개념은 참 모순되기 짝이 없어. 선진국들이 개발도상국들에게 이렇게 말하고 있는 거잖아.

"경제 개발 하는 건 좋은데, 너네는 우리처럼 하지 마. 샐러드를 주로 먹어야지, 우리가 고기 먹어보니 영 안되겠더라."라고 말이야. 자기네는 식민지를 만들어 천연 자원이며 인적 자원이며 쏙쏙 다 빼 가고, 경제 발전의 명목 하에 마음껏 착취해 놓고는 이제 와서 저게 할 소리야? 양심 어디 갔어?

에너지 사용량이 혁명적으로 늘어나며 생활 수준이 개선되었다고 하지만, 이것도 다 선진국 얘기야. 놀라운 얘기 해 줄까? 2020년 기준으로 지구의 인구 중 가난한 약 40퍼센트(대략 31억 명)에게 공급된 일인당 연간 평균 에너지 공급량은 1860년 독일이나 프랑스 수치와 높지 않다고 해. 1960년 아니고 1860년 말이야! 즉, 현대 문명의 혜택은 지구 상 일부의 인구에게만 돌아간 것일 뿐, 너무도 많은 사람들이 수백 년 전처럼 배고프고 가난하게 살고 있다고. 화석 연료 에너지가 가져다 준 풍요와 번영은 눈부신만큼 그림자도 짙어.

실제로 현재의 온실 가스 배출량을 보면 중국이나 인도가 미국만큼이나 책임이 큰 것처럼 보이지만, 국가별 '누적' 배출량을 보면 전혀 얘기가 달라. 아래 그래프가 바로 국가별 누적 배출량을 나타낸 그래프인데, 지금의 기후 위기가 누구 탓인지 너무 명

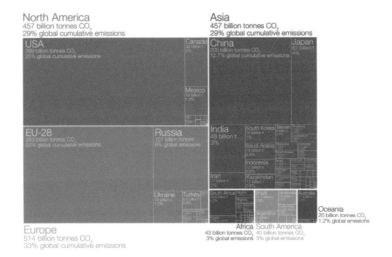

국가별 이산화탄소 누적 배출량

백하지 않니? 에너지 전환을 운운하는 선진국들은 다른 국가들도 모두 자기네처럼 우아하게 재생 에너지를 늘리고 그 에너지로 발전을 해야 한다고 주장하지만, 그 주장에도 허점이 있어. 사실 재생 에너지 발전량 중 대부분은 수력 발전이며, 대규모 수력 발전을 가능하게 하는 댐은 건설 비용이 무지하게 들고, 따라서 대부분 선진국에만 위치해 있다는 거야. 원자력 발전도 마찬가지야. 원전이 뜨거운 감자인 것은 맞지만, 웬만큼 먹고 살 만한 나라들이 그 감자를 놓고 이러쿵저러쿵 할 수 있어. 가난한 나라는 폐기물이고 사고고 뭐고, 원자력 발전소를 건설할 능력 자체가 없으니 말이야. 이들 국가에서는 일단 부족한 인프라부터 지어야 할 텐데, 이때 화석 연료 사용은 필수적이야. 도로나 발전소, 교량과 병원을 지을 때 강철, 시멘트, 플라스틱 없이 가능하겠어? 기아에 시달리는 인구를 돕기 위해서는 농업 생산량을 늘려야 할 텐데, 합성 비료 없이 가능하겠냐고. 방귀 좀 뀌면 어때. 일단 먹어야 할 것 아니니.

그래도 양심은 있는지 국제 사회는 선진국들에게 잔소리할 거면 돈이라도 내거나, 가서 돕기라도 하라고 의무를 부여하고 있어. 개도국들이 쓸 수 있는 기후 기금을 조성하거나, 기술이 부족한 나라에게 기술을 이전시켜 주는 등 다방면으로 도와야 한단 거야. 그러나 기후 기금을 조성하자고 해 놓고는 분담금을 제대로 내지 않는 부자 나라들도 많아서 생각보다 자금의 흐름이 원활하지는 않은 실정이야. 한국은 경제 규모로 보나, 온실 가스 배출량으로 보나 적극적으로 행동해야 하는 국가 중 하나야. 그럼에도 불구하고 기후 위기 대처나 에너지 전환이 느린 편이라 국제 사회가 눈치를 많이 주고 있는 상황이지. 아까 재생 에너지 가격 얘기할 때도 느꼈겠지만 말이야. 한국인으로서 너희는 어떻게 생각하는지 궁금해.

3

지금 우리가
할 수 있는 것

다이어트엔 답이 없지만

얘들아, 여기까지 나랑 같이 고민해줘서 고마워. 이제 내가 화석
연료 다이어트를 해야 하는 이유를 잘 알았을 거야. 하고 싶어
도 말처럼 쉽지 않은 것도 알았을 것이고. 샐러드도 좋지만 다이
어트 약이나 지방흡입술 같은 다른 방법도 열심히 함께 알아보
았지. 아예 다이어트를 안 하고 마법의 한 방으로 해결하는 법도
생각해 봤고. 그런데 아무래도 정답이 정해져 있는 것 같진 않
아. "아휴, 그래서 어쩌라는 거야?"라는 생각이 절로 들지 않니?
말 그대로 '노답'이라고. 게다가 내가 일반적인 개인의 다이어트
처럼 말하고 있지만, 사실 에너지 정책이란 건 대통령이나 장관

이나, 아니면 대기업 사장 같은 높은 사람이 결정하시는 것이잖아. 청소년이 바꿀 수 있는 문제는 아니지.

흠, 그러면 이렇게 어려운 근본적인 이유가 뭘까? 에너지 전환에는 거대한 돈이 들기 때문이야. 이제까지 해왔던 것을 모두 바꿔야 하니, 돈이 드는 게 당연하지. 그리고 그만한 돈을 들이는 건 개인은 물론이고 부자 나라 정부나 대기업에게도 쉬운 결정이 아니란다. 그래서 내가 아까부터 모든 청정 에너지 기술에 대해 얘기할 때, 장애물에서 한 번도 빼놓지 않고 얘기한 게 '비용'이야.

그런데 잘 생각해 봐. 따지고 보면 화석 연료 산업도 돈이 무진장 많이 든다? 땅에 석유가 묻혀 있는 것 같다고 해서 공짜로 그걸 얻을 수 있는 건 아니잖아. 우선 얼마나 묻혀 있는지 탐사해야 하고, 땅을 파서 꺼낼 수 있을지도 조사해야 하고, 실제로 생산하려면 굴착해야 하고…. 그 뿐이게? 파낸 석유를 정유해서 파는 것까지 따지자면 어마어마한 대규모 프로젝트라고. 그럼에도 불구하고 필요하니까, 그리고 돈이 되니까 다 사업이 굴러가는 거란다. 어떤 책에서 읽으니 이런 말이 있더라. 재생 에너지의 한 종류인 지열 에너지를 사용하는 것에 대해 한 말이었

결국은 돈이 문제!

어. "지열 에너지의 세계가 석유와 세계와 이토록 닮았다니, 재미있군요." 이렇게 석유를 개발하는 과정이 지열 발전하는 거랑 유사한 점이 많다는 거야. 얼마나 뽑아낼 수 있는지 컴퓨터로 시뮬레이션을 돌리고, 지질학적으로 연구하고, 땅을 파서 굴착하는 게 지열 발전도 똑같거든. 다만 석유는 돈이 되고, 지열은 그만큼 돈이 되지 않는단 게 차이일 뿐이지. 그러니까 돈이 많이 들어서 못 한다는 건 사실 변명이야. 기후 위기는 당장 눈앞에 보이진 않지만 경제적으로도 미래에 엄청난 손해를 불러올

거야. 최근에 독일에서 진행된 한 연구에 따르면, 이대로 가면 2049년이 되면 기후 변화로 인한 연간 손해가 38조 달러에 달할 것이라고 해. 너무 큰 숫자라 감도 잘 잡히지 않지? 참고로 말해 주자면 한국 정부 연간 예산이 3천억 달러가 안 돼. 정말 엄청나지? 더 큰 손해를 막기 위해서 지금 돈을 들이는 게 불가능한 일이 아닌 이유지.

너희도 나중에 사회를 이끄는 주역이 될 거잖아.(내 생각엔 너희 중 진짜 높은 정책결정자 자리에 오를 인물이 나올 것 같아!)그러면 너희는 어떤 생각을 가지고 에너지 문제에 접근해야 할까? 지금부터는 너희가 지금 당장 할 수 있는 것에 대해 생각해 보자.

에너지 자린고비가 되기

가장 쉽게 할 수 있는 일은 의외로 간단해. 에너지 자린고비, 에너지 스크루지가 되는 거야. 우리는 에너지 없이 하루도 살 수 없을만큼 에너지가 필요하지만, 화석 연료에 많이 의존하는 현재 상황에서는 안타깝게도 '에너지 = 기후 위기의 원인'이나 다름 없거든. 에너지랑 관련되지 않은 온실 가스 배출량도 있기는 하지만 에너지 생산 때문에 발생하는 양이 압도적으로 많으니까 말야. 나중에 에너지 전환이 완전히 이루어진다면 에너지를 펑펑 써도 되겠지. 에어컨 틀어놓은 채 창문 여는 그 날이 오기 전까지는 에너지를 아껴야 해. 그래야 조금이라도 기후 재앙이 오는 걸 막을 수 있으니까.

그러면 에너지를 아끼려면 구체적으로 뭘 해야 할까? 켜져 있는 전등을 끄고, TV를 안 볼 때 끄는 것도 물론 기특하지만 진짜 중요한 건 따로 있어. 나라마다, 문화권마다 약간씩 차이가 있긴 하지만 사실 대부분의 가정에서 가장 많이 에너지를 잡아먹는 건 '냉난방'이야. 겨울철에 집 안을 따스하게, 그리고 여름철에 실내를 쾌적하게 유지하려면 보일러나 에어컨 같은 냉난방 설비가 필요하잖아. 이런 냉난방 설비가 소비하는 에너지가 가정 총 에너지 사용의 40퍼센트나 차지하거든. 혼자서 절반 가까이를 차지하니 큰 비율이지. 가전 제품이나 조명은 그보다 훨씬 적은 비중을 차지하고, 특히 전자 기기는 효율이 좋아 5퍼센트 미만만을 차지한대. 가끔 지하철 광고판에 '난방 설정 온도를 1도 올리기' 또는 '냉방 설정 온도를 1도 올리기' 등의 공익 광고 캠페인을 하는 것 본 적 있지? 이게 다 에너지 소비에서 냉난방이 차지하는 비중이 크기 때문이야. 물론 가전 제품이나 조명도 괜히 켜져 있다면 꺼야지. 그런 노력을 하지 말란 게 아니라,

에너지 절약 = 돈 절약

손가락을 딱 한 번만 움직여서 가장 큰 효과를 보고 싶다면 설정 온도를 바꾸라는 거야!

이렇게 에너지를 절약하면 기후 변화 예방에도 도움이 되지만, 사실 당장 좋은 점은 돈을 아낄 수 있단 거야. 전기세나 가스비를 내시는 너희의 부모님이 기뻐하시는 것이지. 에너지 절약과 효도를 한 번에 하는 것, 괜찮지?

나만의 의견을 갖기

개그맨 이경규 아저씨가 한 유명한 말이 있는데, 혹시 아니? "무식한 자가 신념을 가지면 무섭다." 너희도 왜 그런 친구 한 명쯤 있지 않니? 딱히 근거도 없으면서 유달리 강한 의견을 가진 친구 말이야. 그런 아이와는 이왕이면 말다툼조차 피하게 마련이지. 논리는 본인 머릿속에만 있으니 말야. 이건 에너지 이슈에서도 똑같아. "원자력 발전에 대해서는 어떤 정책이 바람직할까?"라는 질문에 대해 "난 싫어. 그냥 싫으니까 싫어."라는 사람이 사회에 많으면 많을수록 그 국가의 에너지 정책은 산으로 가게 마련이야. 너희가 주인공이 될 미래 사회에는 에너지에 관한 올바른 지식과 의견을 가진 사람들이 정말 많이 필요한 이유지.

에너지를 절약하려고 냉방 온도를 1도 높이는 것, 물론 중요해. 하지만 절약하기만 해서 에너지 전환이 일어나는 건 아니잖아. 너희가 에너지 전환과 미래 에너지에 관해 진심으로 관심을 가지고 지식을 쌓는 게 무엇보다 중요해. 시험에 나와서가 아니라, 너희가 살아갈 세상에 직접적으로 영향을 미칠 문제거든. 이제 기후와 에너지 문제는 '환경'의 영역에서 '경제'의 영역으로 넘어가고 있어. 예전에는 기업이 환경이고 뭐고, 돈만 잘 벌면 장땡이었거든. 그런데 이제는 환경에 신경을 쓰는 일이 곧 돈을 버는 길이 되어가고 있다는 거야. 이경규 아저씨 말과는 정반대로 '유식한 자가 신념까지 가지면 부자가 된다'는 시대인 것이지. 그러니 너희도 항상 눈과 귀를 열고 기후 위기와 에너지 문제에 대해 올바른 시각을 가지는 것이 중요해.

'노답'? 노노!

유명한 물리학자 리처드 파인만이 그랬대. "오늘날 물리학에서는 우리가 에너지가 무엇인지 모른다는 사실을 깨닫는 게 중요하다."라고 말야. 엥, 이제까지 에너지 얘기를 실컷 해 놓고 그게 무슨 소리야? 그건 사실 에너지가 그만큼 복잡하고 이해하기 어렵단 소리야. 우리는 에너지가 마치 한 병의 에너지 드링크라도 되는 것처럼 단일한 실체로 취급하지만, 사실은 그렇지 않아. 에너지는 자연에 다양한 형태로 존재하고, 우리는 인간에게 유용한 방식으로 끊임없이 형태를 변화시키고 있지. 화석 에너지를 운동 에너지로, 태양 에너지를 전기 에너지로, 또 열 에너지로 변화시키는 것처럼 말야.

이 책에서, 너희의 이해를 돕기 위해 나를 '인류'라고, 한 명의 사람인 것처럼 말하고 있지만 사실 나는 과거와 현재의 수십억 명의 개인이 모여서 생긴 추상적인 개념이야. 한 사람 한 사람은 별 잘못이 없을지 몰라도, 집합체인 나는 엄청나게 많은 양의 화석 연료를 먹어치우고 그만큼 굉장한 양의 방귀를 뿡뿡뿡 뀌고 있지. 에너지를 위해 얻기 위해 화석 연료를 먹는다고 비유하기는 했지만, 인류가 경제 활동을 하며 에너지를 쓴다는 것이 개인의 음식물 섭취와 소화처럼 그렇게 간단한 건 아니야. 파인만의 말처럼, 파면 파볼수록 무엇인지 잘 모르지. 하지만 한 가지 확실한 건, 이대로 화석 연료에 기대 쭉 살아가게 되면 미래는 없다는거야. 조만간 인류가 멸망해버린단 건 너무 극단적인 생각일지 몰라도, 다음 세대는 지금보다 훨씬 혹독한 환경에서 살아가야 할 수도 있단 건 확실해지고 있지. 지구의 평균 기온은 매달 예년보다 높은 수치를 경신하고 있고, 어떤 곳은 가뭄에, 다른 곳은 홍수에 신음하고 있어. 기후 위기는 이제 시작일 뿐이니, 어떤 형태든 다이어트는 반드시 필요해.

에너지 전환에 현재로서 정답은 없어. 이렇게 저렇게 하면 반드시 해결할 수 있다는 공식이 있는 것도 아냐. 많은 국가들이 2050년까지 온실 가스 순 배출량을 '0'으로 만들겠다며 야심찬 선언을 했지만, 많은 전문가들에 따르면 아마도 2050년에도 인류는 화석 연료에 여전히 크게 기대고 있을 것이라는 것이 지배적인 의견이야. 하지만 에너지 전환을 위해 함께 노력하는 한, 너희 같은 미래 세대가 문제를 분명히 직시하는 한, 에너지 전환이 '노답'인 것은 분명 아냐. 너희가 더 많이 공부하고 고민하면, 관심을 기울이면 반쪽의 답이라도 분명 있을거야. 그러니까 다이어트, 포기하지 않게 도와줘!

"토론거리

여러분이 집에서 가장 쉽게 실천할 수 있는 에너지 절약 방안에 대해 이야기를 나누어 봅시다.

참고 문헌

《세상은 실제로 어떻게 돌아가는가》, 바츨라프 스밀, 김영사, 2023

《세상을 움직이는 힘, 에너지》, 한귀영, 사람의무늬, 2023

《빌 게이츠, 기후 재앙을 피하는 법》, 빌 게이츠, 김영사, 2021

《에너지 세계 일주》, 블랑딘 앙투안, 엘로디 르노, 살림출판사, 2011

《지구를 위한다는 착각》, 마이클 셸런버거, 부키, 2021